COME TO ME

Kārlis Vērdiņš
COME TO ME

Translated & introduced by
Ieva Lešinska

PUBLICATIONS
2015

Published by Arc Publications,
Nanholme Mill, Shaw Wood Road
Todmorden OL14 6DA, UK
www.arcpublications.co.uk

978 1908376 22 0 (pbk)
978 1908376 23 7 (hbk)
978 1908376 24 4 (ebook)

Design by Tony Ward
Printed in Great Britain by
TJ International, Padstow, Cornwall

Cover photograph:
by Jānis Indāns

ACKNOWELDGMENTS
Several of these poems have appeared in *The Edinburgh Review,*
Modern Poetry in Translation and *Talisman* (USA)
and in the anthologies *A Fine Line* (Arc, 2004),
Six Latvian Poets (Arc, 2011) and *The World Record* (Bloodaxe, 2012

The publication of this work was supported by a grant from the
Latvian Literature Centre, State Culture Capital Foundation &
Ministry of Cuture of the Republic of Latvia.

CULTURE.LV

Supported using public funding by
ARTS COUNCIL
ENGLAND
LOTTERY FUNDED

'Arc Translations'
Series Editor: Jean Boase-Beier

CONTENTS

Introduction / 7

ATMIŅAS NO TAUTISKĀ LAIKMETA/
MEMORIES FROM THE AGE OF NATIONAL AWAKENING

Kārlis Vērdiņš (b. 1979) belongs to the generation of Latvian poets who came into their own in the mid to late 1990s when the political turmoil had subsided and a period of relative calm had set in. As the country integrated with European and pan-Atlantic socio-cultural structures, this generation made it plain it was born European: free from the political agenda of its parents, better educated and more open to the diversity of the world than they. Vērdiņš very soon stood out among these poets, given his obvious talent, creative mind and energy. Beginning to publish in 1997, he then became editor of the magazine of new writing, *Luna*, a post he held from 1999 to 2003, all the while pursuing his studies at the Latvian Culture Academy where he worked as part of a team putting out a new encyclopaedia, and playing music on the side with a group that called itself "Maukas" (Sluts).

In 2001, Vērdiņš published his first book of poetry, aptly titled *Ledlauži* (Icebreakers). The ice to be broken was that silence and ignorance concerning gays, gender issues, and alternative lifestyles so prevalent both in Latvian literature and society at large at that time. The inescapable same-sex eroticism of that book was, however, so universally sensuous and emotionally pure that it seemed not to offend even the most homophobic readers – or perhaps there were simply no homophobes among Latvians who read poetry. Be that as it may, aggressive social provocation is hardly Vērdiņš's style: he prefers to provoke with the juxtaposition and seamless blending of high and low, insightful and naive, cliché and innovation.

Ledlauži was followed by *Biezpiens ar krējumu* (Cottage Cheese with Cream, 2004), its title a reference to a typically Latvian combination of milk products that suggest a robust, unpretentious wholesomeness and no-nonsense nourishment. Yet the title poem turns out to be anything

7

but bucolic – it is an ironic take on dull complacency, mindless pleasantness, soft-edged conformity. It is no stinging social criticism, but rather a playful, tongue-in-cheek observation. Throughout the volume, the author's voice is sophisticated and knowing, yet he does not place himself somewhere above the fray: his smile may be wry, but it is also self-deprecating. In an early interview, Vērdiņš explains:

> It seems that everyone considers me an ironic author who just keeps joking and fooling around. Perhaps it is so. [..] It's just that when we were all still very young and were writing our first poems, I got annoyed by the recurring lament: "Oh my, how lousy I feel today and how much pain the world is visiting upon me!" – there was all this fatalistic egocentrism coming through. [..] I just don't feel like obsessing about myself.

In a seeming reversal of this statement or, rather, wrapping himself in yet another layer of irony ("Just because I can control the functioning of my inner organs, it doesn't mean I don't have any", see p. 55), Vērdiņš soon thereafter published his third book of poetry for adults (he has also written for younger readers), defiantly entitling it *Es* (I) (2008). As with all of Vērdiņš's previous work, this too was well received by critics and readers alike and marked a new stage in his development as a poet – the consistent usage of the prose poem, which he calls the 'bastard form' and which seems well-suited to his dual nature as a sensitive and subtle versifier and imagist, on the one hand, and story-teller on the other. It is likewise an assured walk along the path first laid down by the modernists – mixed metaphors, multiple viewpoints, juxtapositions between the lofty and the mundane, 'high' and 'low' language, as well as a genuine capacity for wonder, checked by scepticism and subtle emotion, veiled by 'impersonality' as defined by T. S. Eliot, an author whose poetry Vērdiņš has translated quite extensively.

Vērdiņš seems to be following Ezra Pound's modernist maxim "Make it new!" His latest book, *Mēs* (We, 2012), combines every poem in the first three collections plus a few unpublished poems and a concluding eponymous chapter, and clearly shows the range of styles and influences Vērdiņš has mastered – from Latvian classics to postmodernists. Each he feels free to interpret, mix in new combinations and take apart. This would not be possible without his wide exposure to both Latvian and foreign literature and, above all, his enthusiasm for language and its myriad possibilities.

It is Vērdiņš's love of Latvian and his ability to make the reader confront that language as if for the first time that is, to a great extent, what makes translating Kārlis Vērdiņš's poetry such an exciting journey: a challenge to my skills, an adventure, a pleasure.

Ieva Lešinska

Es tev vedu mazu siermaizīti. Bija jau divi naktī, visi kļuvuši miegaini, veikali ciet, bet bārā „I love you" es dabūju mazu siermaizīti.

Braucu ar taksi un vedu tev siermaizīti, jo tu gulēji bēdīgs, varbūt pat slims, un mājās nebija nekā garšīga. Briesmīgi dārga, kaut kur ap latu, bet tas nekas.

Braucu ar savu mazo ailavjū, saspiestu, gandrīz jau atdzisušu. Bet sanāca tā, ka neaizbraucu uz mājām. Nokļuvu tur, kur visi līksmi un asprātīgi, un ļoti izsalkuši. Iedzēru, uzdziedāju, bet maizīti pataupīju.

Laikam tikai trešajā dienā beidzot varēju tevi pacienāt, tu biji tik nikns, ka apēdi maizīti, lāgā to neapskatījis. Būtu es drosmīgāks, būtu teicis – tu taču zini, ka es tevi mīlu, tu taču zini, ka apbrīnoju. Neliec man, lai atkal to saku.

DHARMAS LAUKĀ

Mēs te sēžam un ēdam kartupeļus, bet Rembo un Verlēns jau ir Briselē. Esot uzrakstījuši daudz jaunu dzejoļu.

Mēs te Lielajos kapos dzeram alu, izglītojam cits citu un paši paliekam galīgi skābi. Bērns raud celiņa malā.

Ardžuna sacīja: „Man nevajag ne karaļvalsts, ne laimes, tikai vēl vienu dienu nesēdēt pie tā smirdīgā datora." Un saļima viņš pie kāda pelēka kapakmens.

Kuš, lasi tālāk! Viņi esot jau Londonā! Visapkārt esot dzeltena migla. Bet mums bambuks aug griezdamies vāzītē virtuvē.

COME TO ME

I was bringing you a little cheese sandwich. It was two in the morning, everybody sleepy, shops closed but in the "I Love You" bar they gave me a little cheese sandwich.

I was in a taxi bringing you a little cheese sandwich 'cause you were lying there sad, perhaps even ill, and there was nothing good to eat in the house. Was really expensive, around one lat, but that's OK.

So I was in the taxi with my little *iluvu*, all squished, practically cold. But for some reason I didn't make it home. Somehow I ended up where everyone was merry and witty, and starving. So I drank, I sang, but I saved my little sandwich.

Must have been the third day when I could finally treat you to it, you were so angry, you ate the sandwich hardly looking at it. Had I had more courage, I would have said: but you know I love you, you know I admire you. Don't make me say it again

IN THE DHARMA FIELD

Here we sit eating potatoes, whereas Rimbaud and Verlaine have long since gone to Brussels. They say they've written many new poems.

Here we sit in the Great Cemetery, educating one another and turning as sour as the beer we're drinking. There's a child crying by the side of the path.

Said Arjuna: "I have no need for a kingdom or happiness, just one more day away from that stinking computer." And he collapsed by some grey headstone.

Shush, go on reading! They say they are already in London! Yellow fog all around. Whereas we have a shoot of bamboo thriving in a vase in the kitchen.

11

Londonas spiegu ziņojumus jau aplūko Briseles datoros. Bet mums te virtuvē zilā bļodiņā sīpols. Izkurtējis, atdevis visu spēku zaļam lociņu pušķītim.

KO TUR LIEGTIES

Es jau teicu, ka esmu noguris – šodien izvilku zebru no degošiem brikšņiem un iecēlu furgonā vienpadsmit saindējušos pingvīnus. Algu neprasu, publicitāti nevajag, tikai mazliet miera un klusuma.

Bet tikmēr posts un aukstums iezadzies manā mājā, kur šie aizjūras darījumi nevienam nav saprotami, un priekšā stāvēja sāpīga izskaidrošanās.

Vai varat iedomāties, daži tiešām jauki un mīļi cilvēki bija vairākas dienas sēdējuši bez ūdens, elektrības un seksa, un neviens nebija varējis viņiem paskaidrot lietas būtību.

Bija vien pašam šī putra jāizstrebj. Gribēju jums to pastāstīt, lai zināt, kādas lietas no manis var sagaidīt.

Bet citādi uzvedos labi, visiem palīdzu, pasauli glābju no sliktajiem zirnekļiem, mācos neeksistēt brīžos, kad tas nav nepieciešams. Pat lietū un slapjdraņķī lidoju pāri pilsētas tumšajām ielām, mans sarkanais apmetnis galīgi netīrs un samircis.

12

Spy messages from London are already being examined on Brussels computers. Whereas we have an onion in a blue bowl in the kitchen. All withered, its strength given to a green clump of sprouts.

WHY DENY IT

Haven't I already said, I'm tired: today I pulled a zebra out of burning brambles and lifted eleven penguins with food poisoning into the trailer. I don't ask to be paid, I need no publicity, just give me some peace and quiet.

Meanwhile, cold and misery crept into my house where nobody understood these overseas transactions and I had a lot of explaining ahead of me.

Imagine this: some really sweet, nice people had been sitting around for several days without water, electricity or sex and no one had been able to explain the heart of the matter to them.

So I had to take care of this mess myself. I just wanted to tell you so you'd know what to expected of me.

But other than that I am good, ready to help anyone, ready to save the world from the evil spiders; I've learnt not to exist at moments when it's not necessary. I fly over the dark streets of the city even when it's cold and rainy and my red cloak is all dirty and wet.

EŅĢELIS

"Are you my Angel?"
ALLEN GINSBERG, *A Supermarket in California*

Jā, es esmu tavs eņģelis, šovakar izdzīts no debesīm ietīt tev
celofānā gurušu, vītušu ābolīti, kuru tik daudzreiz
vienas kāras rokas devušas otrām. Izpārdošana
šonakt: zaļi augļi – ar atlaidēm, mirusi miesa – uz
nomaksu.
Neteic nevienam, es esmu tavs eņģelis, Mikelandželo
izdreijāts Dāvids; ja šonakt skūpstītu manas
plaukstas, dzinkstētu pirkstu kauliņu porcelāns;
„Tavas debesis acu krāsā", sēktu ausī, jo esi dzejnieks.
Nez, cik tu dabūtu, izjaucis mani un detaļās pārdevis
patiltes utenī? Pudeli džina, ko viebjoties tukšot ar
upeņu zapti miroņiem pilnas istabas krēslā, kopā ar
svešu veci no bāra; viņš apreibis muldēs par tankiem,
promejot nozags tev naudas maku.
Šonakt aiz katras letes pa eņģelim, vai nav tiesa, ikviens
smaida platāk, nekā darba līgumā pieprasīts; maiņa
beidzas, tie, savicinājuši spārniņus, aiztrauc uz
pustukšām istabiņām ar kailu spuldzi un krāsni
kaktā, kur vēsās rokas saņems un nomutēs kādu
mīļu un sprogainu galvu.
Kungs aiz tevis jau skaita naudu. Varbūt visas plūmes un
banānus, varbūt visu lieltirgotavu viņš nopirks, un
mani piedevām; noliks plauktā aiz stiklotām durvīm,
bieži slaucīs ar astru slotiņu, debesis pulēs ar plīša
strēmeli.
Neklaigā, neplāties. Žigli izvelc no kabatām gurķus,
palūdz, lai tevi aizved uz mājām; neskumsti, uzraksti
dzejolīti.

14

ANGEL

"Are you my Angel?"

ALLEN GINSBERG, *A Supermarket in California*

Yes, I am your angel, driven out of heaven tonight to wrap
a weary shrivelled apple for you, an apple passed so
many times from one pair of greedy hands to anoth-
er. Sale tonight: fresh fruit at a discount, dead flesh
by instalment.

Don't tell anyone, I am your angel, David shaped by Mi-
chelangelo; if my hands were kissed tonight, their
porcelain knuckles would tinkle; "Your sky is the
colour of eyes", you'd wheeze, ever the poet.

I wonder how much you'd get selling my parts at the flea
market? Wincing from a bottle of gin mixed with
black-currant jam, drunk in a dimly-lit room full of
dead bodies, and shared with a stranger picked up
in a bar; he'd babble boozily about tanks, and upon
leaving he'd snatch your wallet.

An angel behind every counter tonight, their smiles broad-
er than the contract requires; the shift is over, in a
flutter of wings, they take off to their half-empty
rooms: a naked bulb, a stove in the corner, cool cra-
dling hands, a kiss on that sweet, curly-haired head.

The gent behind you is busy counting his money. He'll buy
all the plums and bananas, he'll buy the supermarket
perhaps, and I'll be included; he'll set me on a shelf
behind glass, dust me off with a horsehair brush, pol-
ish heaven with a strip of plush.

Stop shouting, stop bragging. Quick, take the cucumbers
out of your pockets, ask to be taken home; don't fret,
write a poem.

* * *

Es ceru uz pulksteni savā istabā,
es ceru uz kalendāru ar jūrniekiem,
uz zaldātiņiem uz brūnās grīdas,
es ceru uz kādu,
      kurš atlaidies manā gultā,
uz kādu,
      ko tikai iztālēm dzirdu naglojam dēļus,
uz autobusu, kurš brauc pa šoseju,
uz vēsu un ātru vakaru,
uz ezeru septiņus kilometrus uz ziemeļiem,
uz mušu šūpuļtīklā,
      vardi akacī,
uz laimīgu zaļu ceturtdienu,
es ceru uz nākamo vārdu,
uz visiem, kas neesi tu,
uz mīkstu sniegu milzukalnā,
uz sārtiem bumbieriem ābelēs
un arī mazu baltu lidmašīnīti
kaut kur lapas kreisajā augšējā stūrī.

STATUS QUO

Atzīšanās mīlestībā – skaista kā neatkarības pasludināšana.
Pēc ilgiem opozīcijā pavadītiem gadiem ievācāmies romantiskā dienesta dzīvoklī – pastalās, respektīvi, pliki – gadiem neizlīdām no cisām. Un ūsainas karalienes atzina mūs *de facto.*
Šodien atkal valsts svētki un salūts, glāzītes mirdz kā ordeņi, uzkodu vietā skūpsti. *Ergo bibamus,* mans princi, mēs nozagām veselu valsti kā tukšu sirdi.

* * *

I'm hoping for a clock in my room,
I'm hoping for a calendar with pictures of sailors,
for soldiers on the brown wooden floor,
I'm hoping for someone
        stretched out on my bed,
for someone
        I hear nailing boards in the distance,
for a bus driving down the highway,
for a cool and quick evening,
for a lake seven kilometres to the north,
for a fly in the hammock,
        for a frog in the whirlpool,
for a happy green Thursday,
I'm hoping for the next word,
for everyone who is not you,
for soft snow on the big hill,
for blushing pears on apple-trees
and also for a little white aeroplane
        on the upper left corner of the page.

STATUS QUO

Confession of love – beautiful like a proclamation of independ-
        ence. After many years spent in opposition, we moved
        into a romantic company flat – in rags, i.e., naked – and
        for years **we** did not venture outside. And moustachi-
        oed queens recognized us *de facto*.
Today it's the national holiday again, fireworks, glasses
        sparkle like medals, kisses in place of hors d'oeuvres.
        Ergo bibamus, my prince, we stole an entire country like
        one empty heart.

17

JAUNĀ DZĪVE

Sāksim jaunu dzīvi uz vientuļas betona salas ar elektrības
stabu un dažām vārnām uz vadiem. Kā divi noguruši
ledlauži ielauztiem dibeniem gulēsim liedagā blakus
tukšajām alus pudelēm.
Tikai reizēm jāpastiepjas un jānocērt rokas, kas sniedzas
pret mums no grimstošiem kuģiem, jāattin kāda
pudelē atpeldējusi zīmīte, pēdējie sveicieni sievai un
bērniem ar šaušalīgām pareizrakstības kļūdām.
Taču no izmestajām mantām nekā daudz nenoderēs –
naktīs, kad alū slīkstošā sala griežas uz riņķi, no tās
tiek noskalots viss, kas nav pienaglots, piesiets un
iepinies jūraszālēs.
Paliekam vidū apķērušies, kopā savītiem dūmeņiem,
laizām tos kā priecīgi pūdeļi. Katra buča pārvērtīsies
neaizmirstulītē salas apķēzītajā krastā un astoņos
rītā dziedās sirēnas balsī. Un tad mēs iesim uz darbu.

KĀ BILDE

Izcel mani no plaknes, no lielās bildes smagajā zelta rāmī.
Redzi, es stāvu līdz ceļiem komposta kaudzē. Otrais
no kreisās, uzvalkā, ziedi rokā. Saspiedis lūpas, pa
seju tek smaids. Slepus skatos – tu esi nācis pie kāda
cita un paliksi vēlāk uz balli.
Prieks iepazīties, es esmu ķirbis. Bet tavas rokas šonakt
pārvērtīs mani karietē. Tā aizvedīs tevi uz klaju,
dubļainu lauku, atvērs durvis un noskatīsies, kā lietus
sīkiem triepieniem cenšas tev piezīmēt seju.

18

NEW LIFE

We'll start a new life on a solitary concrete island with a
    power line and a few crows on the wire. Like two
    tired icebreakers with banged-up bottoms we will lie
    on the beach next to empty beer bottles.
Once in a while we'll have to lean over and chop off the
    hands that try to reach us from sinking ships or we'll
    unfold a note from inside a bottle, the last dreadfully-
    spelt greetings to a wife and kids. Nothing much will
    come in handy from the things thrown overboard – at
    night, when the island, drowning in beer, is turning
    round and round, everything that's not nailed down,
    tied up or stuck in seaweed is washed off.
We remain in the middle, our funnels in an embrace, we lick
    at them like happy poodles. Every kiss will turn into a
    forget-me-not on the filthy island coast, and will sing
    like a siren at eight in the morning. And then we will
    go to work.

PICTURE PERFECT

Lift me out of the plane, out of the big picture in the heavy gold
    frame. See, I'm up to my knees in compost. Second from
    the left, in a suit, flowers in hand. Lips pursed, a smile is
    pouring down my face. I look furtively – you have come
    for someone else and will stay for the dance.
It's nice to meet you, I am a pumpkin. But your arms will turn
    me into a carriage tonight. It will take you to an open,
    muddy field, let you out and watch how the rain tries to
    paint you a face with tiny brush strokes.

VĒLĒJUMIES

...un lai tev būtu vēl lielāka temperatūra, lai tu mūžīgi gulētu mūsu vecajā gultā bezpalīdzīgs un aklam kucēnam līdzīgs. Bāz mutē termometru un guli. Bez ļauniem un viltīgiem draugiem, svešiem, dīvainiem vecākiem, svarīgiem darbiem – es būšu tev māte un tēvs, brālis, sieva un vīrs. Vēja bakās un plaušu karsonī, psihozē, neirozē, cūciņās, masalās. Runā ar mani. Kutini mani. Pastāsti man, ko tu domā.

LIETUS

Vairs nenāk sniegs, bet atnācis lietus. Tu staigā pa savu lielo māju, aizver logus un izslēdz gaismas – rāmā jūgenda paradīzē, kur neiekļūst asas smakas un trokšņi. Bet lietus – pēkšņs, ass šļāciens – laužas pie tevis caur drošo jumtu un vairākiem stāviem. Tev pieskaras mikla elpa, un nočab papīru kaudzes istabas kaktos. Pārsteigts un kails tu nometies ceļos, lai lietus tev pātago vaigus un atstāj uz krūtīm karstas lāses. Bet debesīs atkal kāds nobīstas un aizver ciet rāvējslēdzēju. Tu paliec smacīgā sausumā, mazā valstī, kur cilvēki brīvdienās salien parketa šķirbās un sazin kur pazūd, tavu vārdu izrunāt nemāk un nemāk pareizi uzrakstīt. Viens tu aizmiedz mijkrēslī lielajā gultā, aizvilcis logam baltus aizkarus. Ārā pumpuri pampst, skrituļi knikšķ, un izpārdošanā tava siltā ziemas jaka maksā vien pusi no puscenas.

20

WISH

...that your fever was even higher and that you'd forever lie
in our old bed helpless, like a little blind puppy. Put the
thermometer in your mouth and lie down.
Without evil and cunning friends, strange and peculiar
parents, without important work – I will be your
mother and father, your husband and wife. In chick-
en pox and pneumonia, in psychosis and neurosis, in
mumps and measles.
Talk to me. Tickle me. Tell me what you are thinking.

RAIN

No more snow, but now rain has come. You walk through your
big house, close windows and turn off lights – in this
quiet art nouveau paradise that keeps pungent odours
and noises at bay.
But the rain – a sudden, sharp downpour – is trying to break
through to you, through the sturdy roof and several
floors. A damp breeze wafts over you, and the reams of
paper rustle in the corners.
Startled and naked, you drop to your knees, and the rain lash-
es your cheeks and leaves hot drops on your chest.
But up in the sky someone gets scared and pulls up the zip-
per. You remain in a dry, stifling place, a small country,
where people hide in the cracks of the floorboards, dis-
appearing somewhere, not knowing how to pronounce
or spell your name.
Alone, you fall asleep in the big bed in the twilight, white
curtains drawn tight. Buds are swelling outside, roller
blades swish, and your warm winter coat is for sale at
half of half-price.

ĒRGLIM

Patiešām, no augšas viss izskatās citādi – ja nav mākoņu,
varam saredzēt ļaudis, kas lejā kustas kā skudras,
un viņu slepenos priekus, sadzirdēt biklās lūgšanas,
kuras šeit iegrāmato un pieņem zināšanai tavi
mazākie kolēģi plikiem, apaļiem vēderiem.
Viņi apskauž tevi un nemīl, apvainojas, kad izdzird
starp mākoņiem tavus pērkondimdošos mieklus.
Tava bārda viegli noplīv pār viņiem, un tu atkal
aizlido tālāk uz kādu dievu pamestu kaktu izgulēt
reibumu krēslainā zileņu cērpā.
Es pie izlietnes mazgāju glāzes, klausos viņu balsteļu
murdoņā, klusītēm smaidu – es vienīgais zinu, kur
tu pazūdi pusdienas vidū, aizveru acis – es vienīgais
zinu, kur tu atnāksi šonakt.
Citkārt man ļauts vien slepus pieskarties tavam plecam,
kad apkalpoju pie garā galda, kur jūs baudāt
sarkanbaltsarkanus vīnus.
Es biju valdnieks pār dumjām aitām, bet tāšu kronis
palika pļavā, kad ērglis, mani sagrābis, pacēla gaisā.
Kad krūtīs pirmoreiz iedūrās viņa asais un maigais
knābis.

GANIŅŠ

Tagad man pieder vienīgi paplāte, uz kuras dieviem iznēsāt
alkoholu, kad viņi strīdas, viens otru ievaino, sūc
tumšo ķekaru lipīgo saldumu.
Katrs aizmieg sarkanā mākonī, apžilbis varenībā un
gudrībā. Tad es izdzeru viņu vīnu, bet zemi sagrābj
rītausmas rožainie nagi.

TO THE EAGLE

Indeed, from above, it all looks different – if there are no
    clouds, we can see people scurrying about under-
    neath us like ants, see their secret pleasures, hear
    their shy prayers which are filed away here, taken
    note of by your smaller colleagues with naked,
    rounded bellies.
They envy you, they do not love you, they take offense,
    hearing your thundering laughter through the
    clouds. Your beard lightly brushes past them as you
    fly off to some god-forsaken corner to sleep off your
    drunkenness in a bilberry bush.
I wash glasses by the sink, listen to the murmur of their
    voices and smile to myself – I alone know where you
    disappear to in the middle of the day, I close my eyes
    – I alone know where you will appear tonight.
At other times I am allowed to barely touch your shoulder
    when I serve at the long table where you drink red-
    white-red wines.
I reigned over dumb sheep, yet my crown of birch bark was
    left in the meadow when the eagle grabbed me and
    lifted me up. When his sharp and tender beak first
    pierced my chest.

SHEPHERD

Now I possess only this tray to carry alcohol for the gods,
    as they quarrel, injure each other, sip the cloying
    sweetness of the dark grape.
Everyone falls asleep in a red cloud, dazzled by his own
    power and wisdom. Then I drink their wine, and the
    earth is seized by the rosy talons of dawn.

KAILGLIEMEŽI

– cik maigi tu rāpo pa medainu bērzlapi
noliec galvu
    un izstiep asti –
es likšu galvu uz tavas astes
    rāpšos pa rožsārtu bērzlapi
        un izstiepšu asti –
– viņš uzliks galvu uz manas astes
    līdīs pār liesmainu bērzlapi
        izstieps asti un pieskarsies tev –
tu cieši piekļausies viņa astei
    un slēpsies zem vīnbrūnas bērzlapes –
        es pieskaršos tev
– es uzsēdīšos uz tavas astes
    pieskaršos viņam un palīdīšu
        zem asinssarkanas bērzlapes –
viņš piekļausies man
    un saļims pār rētainu bērzlapi –
        tu apvīsi asti viņam

– mēs aizmigsim
    uz apsarmojušas bērzlapes
        milzīgā katlā –
kopā sakļautām astēm bērzlapes vārīsies lietū

SLUGS

– how softly you crawl across a honey-hued brittlegill

put your head down
          and stretch out your tail:
I will put my head on your tail
          I will crawl across a rose-coloured brittlegill
                    and stretch out my tail –
– he will put his head on my tail
          he will crawl across a flaming-red brittlegill
                    he will stretch out his tail and touch you –
you will press close to his tail
          hiding underneath a wine-brown brittlegill –
                    I will touch you
– I will sit down on your tail
          I will touch him and crawl
                    under a blood-red brittlegill –
he will press close to me
          and collapse over a pock-marked brittlegill –
                    you will coil your tail around him

– we will fall asleep
          on a frost-covered brittlegill
                    in a huge cauldron –
tails pressed together, brittlegills will boil in the rain

MĒS

1

Mēs nedusmojamies uz saviem senčiem,
kas, mīkstos maisos atspieduši saldos rožābolu dupšus,
rātni plūcot zāli, veras ekrānā.
Mēs Jāņu naktī skumji sēžam mājās
un aizmigt nevaram, kad apkārt spiedz un šauj.

2

Mēs siltumā un gaismā pārziemosim,
sev mājās krāsim asus, trauslus priekšmetus.
Bez ašiem pagriezieniem, straujām kustībām
mēs mīkstā tumsā ieslīdam viens otrā,
lai rītā mostos staru lauskām pilnā gultā.

3

Mēs dzīvojam bez aizspriedumiem – vari precēt
šo ķirzaku, kas smiltīs gozējas starp sīkiem krūmiem.
Bet atceries – tam pūrā līdz nāks visas vecās astes,
uz plauktiem plastikāta maisos stāvēs jūsu mājā,
bet apakšbikšu kabatiņā pukstēs viņa sirds.

4

Pie dzīvības un labas veselības
mūs uztur pieklājīgas sarunas ar mīļiem svētku vēlējumiem:
„Ceru, ka pat tu reiz būsi laimīgs!"
Tur mātes vārdu piemin Mātes dienā,
un gaili Mārtiņos, un olas Lieldienās.

WE

1

We are not angry with our forebears
who, having propped their rosy apple butts against soft cushions,
stare at the screen, grazing peacefully.
Heavy-hearted, we sit home at Midsummer
and, with all the shrieks and blasts, cannot sleep.

2

We'll see the winter through in warmth and light,
collecting sharp and fragile objects here at home.
No unexpected turns, no sudden thrusts –
we slip into each other's dark
to wake amidst sharp shards of light.

3

We have no prejudice – just go ahead and marry
that lizard basking inbetween the shrubs.
Yet mind you – he will come with his old tails,
they'll sit in plastic bags on bookshelves in your home
and his heart will throb in the pocket of his briefs.

4

Alive and in good health
we keep up small talk with holiday cheerfulness:
"I hope even you will be happy one day!"
Motherfuck they save for Mother's Day,
Cock for St. Martin's, eggs for Easter.

5

Mēs, veļu laikā ieņemtie uz grīdas puspabeigtā verandā.
Mēs, puspelēkās drēbēs greizā skolas solā.
Kas savas ādas vākos iesien ābeci.
No saviem kauliem izliec savu šūpuli.
Kas visu mūžu neatgriežas tumšā, siltā verandā.

6

Ar tēti runājāmies viņa vecā, visvisādām mantām pilnā mājā.
Viņš jautāja: „Kad nomiršu, kur paliks mani aparāti,
darbarīki, citi vecie dzelži?"
Es atbildēju: „Tajā pašā vietā,
kur kādreiz nokļūs visas manas grāmatas."

7

Aug labklājība augumā kā mēris.
Es neceļos no gultas, ja man nepiesola vismaz simts jau avansā.
Mēs apnikumā sēžam restorānos, muldam kaut ko stulbu.
Just aizrautību spēj vien lohi, sievietes un bērni,
kas nav vēl atraduši kādu siltu vietu.

8

Dažs meklē darbu, citi – dzīvokli, un cits vēl – jaunu draugu.
Tiem skumjas sejas, milzīgs telefona rēķins.
Lai viņu sūrais liktenis tev atklāj dzīves mākslu:
daudz nedirsies un netirinies, sēdi rāms, ar mazumiņu iztiec
un lūdz, lai lauku radi sūta produktus.

5

We were conceived on the floor of a half-built veranda.
Clothed in grey, we sit behind warped desks at school.
We bind our ABCs with our own skin
And bend our own bones to build our cradles.
We who'll not return to that warm and dark veranda.

6

I talked with Dad in his house that's old and full of junk.
He asked: "When I die, what will become of all my apparatus,
my instruments, all this bric-a-brac?"
I said: "They'll end up in the same place
that all my books will go to some day.

7

Our well-being is increasing like the plague.
I don't get up from bed if I'm not promised at least a hundred in
    advance.
Bored, we sit in restaurants and yammer stupidly.
It's only knuckleheads, women and little children,
that get excited before they've found a cosy spot.

8

Some look for a job, some for a flat, some for a new boyfriend.
Their faces are all sad, their phone bills huge.
Let their grim fate be a lesson in the art of living:
don't yap too much, sit pretty, make do with little
and ask your country folks to send you produce.

9

Mazs bērns sēž ratiņos man blakus tramvajā,
ar mazu roku rauj aiz piedurknes, ar mazu kāju sper pa cisku,
un māte baras: „Nesper onkulim, viņš paliks dusmīgs!"
Bet onkulis pie sevis domā: ja es būtu viņa tētis,
tad ļautu sevi spārdīt katru vakaru un rītu.

10

Uz vienu lietu stipri ticam vienmēr:
ka šomēnes kāds mūsu kontā naudu ieskaitīs.
Ai, nauda – kā tu parādies? Caur kādiem vadiem plūsti?
kas rēķina tos ciparus, kas atmirdz ekrānā?
Kam pieder roka, kura algas dienā dara brīnumus?

11

Es sapnī redzēju – simts gadi bija pagājuši,
un Rīgā daudz kas bija mainījies.
Man kāpņu telpā bija pārkrāsotas pastkastītes,
uz ielas visiem mati griezti „ezītī",
un mūsu bodītē vairs naktīs nepārdeva šņabi.

12

Un visi cits pēc cita paliek vieni.
Cits vienā pusē Daugavai, cits – otrā,
ir citam mazā dzīvoklītī internets, un citam – kaķis.
Un katram brīvība, kas plīvo, plūst un vējo
ar visiem, kuri dzīvo laulībā ar pilsētu.

9

A small child in a pram next to me on a bus,
a small hand is pulling on my sleeve, a small foot keeps kicking me,
and his mother scolds: "Don't kick that uncle, he'll get angry!"
But the uncle thinks: if only I were his father,
I'd let him kick me day and night.

10

We always have great faith in one thing:
that this month there'll be a transfer into our account.
Oh, money – how do you appear? What wires carry you?
Who calculates the numbers that glow at us from screens?
Whose is the hand that does that payday magic?

11

I had a dream that a hundred years had passed,
and many things had changed in Riga.
The post boxes down in the hall had been repainted
and in the street they all had crew-cuts,
and vodka was no longer sold in our corner shop at night.

12

And one by one they are left alone.
Some on this bank of the river, some on the other,
in their tiny flats, some have the Internet, some have a cat.
And everyone has freedom that flaps and flows and flutters
along with all those married to the city.

13

Es vakar biju lūgts pie mīļiem draugiem,
bet pēkšņi pagriezos un gāju mājā atpakaļ.
Pats rozes liku vāzē, kāri ostīdams, pats atkorķēju šampanieti,
pats plēsu sudrabaino papīru un sāku lasīt romānu.
No rozēm apreibu, no romāna, no šampanieša
un grimu miegā domādams: kā es jūs visus mīlu!

14

Jauns mormonis, pavisam blonds un dievbijīgs,
man blakus autobusā apsēdās un sāka stāstīt savas mācības.
„Kad gribi grēkus nožēlot, tad piezvani," viņš teica.
„Kad gribi šņabi dzert, tad piezvani," es teicu.
Mēs abi noraidoši purinājām galvas. Klāt jau galapunkts –
    nakts, lietus, vējš.

15

Tēvs skalda malku šķūnītī,
es krauju ķerrā pagales un vedu tev,
tu ņem un krāmē grēdā.
Ikkatra pagale ir trīskārt noglāstīta.
Jums visu garo ziemu silti būs.

13

Invited yesterday by dear old friends,
I suddenly went back inside the house.
Sniffing avidly, I put the roses in a vase, then went ahead and
        opened the champagne,
then tore off the silver wrapping paper and began to read the
        novel.
The roses, novel and champagne all made me drunk,
I fell asleep while thinking this: I love you all so much!

14

A young Mormon, blond-haired and devout,
sat next to me on bus and started to relate his creed.
"When you feel like repenting, give me a call," he said.
"When you feel like having a drink, give me a call," I said.
We shook our heads dismissively. It was the end of the line:
        night, rain and wind.

15

Father is chopping wood in the shed,
I'm loading the logs into a wheelbarrow to bring to you,
you take them and arrange them in a pile.
Each log has been caressed three times.
All winter long you will stay warm.

Māte atveda mani un manus trīspadsmit brāļus un nosēdināja aiz cirka telts. Iekšā spiedza, rūca un smējās, māte mums stāstīja:

„Tur sunīši grāmatā lasa kā mācīti vīri, sikspārņi žonglē ar paipalu olām, un dzirdiet šos rēcienus – zvēru karalis lauva tur pārmāca bērnus, kas gājuši gulēt ar netīrām kājām."

Te pavērās telts un pļaviņā izskrēja slaida jumprava zeltītā tērpā, uz soliņa atkrita, ieklepojās, nopūtās grūši un mudīgi ietecēja būdiņā raibā uz riteņiem.

Brāļi sajūsmā sāka svilpt, bet māte tos kušināja: „Klausieties, nejēgas! Katram no jums, un arī tev, Spodri, reiz pienāks vissvētākais brīdis dzīvē, kad sieviete ielaidīs jūs savā dārzā!

Tad nu nekavējieties daudz, bet neesiet arī dumiķi, lamzaki, atcerieties, ko māte jums mācīja: nerunāt prasti, ar pirkstiem nerādīt, neatstāt zābakus citiem pa kājām!"

Sāka krēslot, un bija jāiet uz mājām. Izskaitījusi bērnus, māte ar brāļiem devās pa taciņu, es tīšām atpaliku un zagos uz būdiņu raibo.

Pieklauvējis gāju iekšā un teicu: „Cienīgā zelta jumprava, Spodris mans vārds, un dikti vēlos, lai ielaižat mani dārziņā savā!"

Jumpravai gulta kā siena kaudze, pušķota serpentīniem un spīdzenītēm. Vēlīgi viņa paceļ sniegbalto roku:

„Ja vien tu apsolies nerunāt prasti, ar pirkstu nerādīt, zābakus plānvidū neatstāt, nāc vien iekšā dārziņā manā! Daudz trušu un kamieļu tajā ganījušies, tāču sulīgas zāles pietiks i tev."

34

Mother brought me and my thirteen brothers and sat us down
by the circus tent. Shrieking and growling and laughing
came from inside, and mother told us this:
"In there, little doggies are reading books like wise old men, bats
are juggling quails eggs and listen to that roar: the lion,
king of the beasts, is teaching a lesson to children who
have gone to bed with their feet dirty and unwashed."
The flap of the tent flew open and a slim, gold-clad maiden ran
out, dropped down on the bench, coughed, gave a sad
sigh, and then ran into a cabin on wheels with motley
walls.
The brothers whistled, excited, but mother hushed them: "Listen,
you fools! Each one of you, even you, my Jewel, will live
to see that moment of moments when some woman will
welcome you in her garden!
So don't wait long but don't be nincompoops either, remember
what mother has taught you: do not use bad language,
don't point with your fingers, don't leave your boots
where others may trip over them!"

It was already getting dark, time to go home. Having counted
her offspring, mother and brothers set out, but I lagged
behind and started creeping toward the cabin.
I knocked, went in and announced: "Most revered golden
maiden, Jewel is my name and I wish with all my heart
that you would let me visit your garden!"
The maiden's bed was as big as a haystack, and it was festooned
with streamers and shiny tinsel. Full of good will, she
raised her snow-white hand:
"If only you promise not to talk dirty, not to point with your
fingers, and not to leave your boots in the middle of the
room, you are welcome in my garden! Many a rabbit,
many a camel has grazed there, but there will be plenty of
grass for you too."

Ātri nometis zābakus, visu pasaulē aizmirsis, metos pie zelta jumpravas siena kaudzē, lai ved nu uz dārziņu. Te atskan baiss rēciens un milzīgs lauva izlien no bufetes, acīm lielām kā dārzeņu plates un neganti rēc: „Dumjais sīpolu suska, iet uz jumpravas dārzu ar netīrām kājām! Par to tev nokodīšu galvu kā likts, lai neapsmej manu jumpravu!"

Bailēs trīcēdams skatos, kā tuvojas liesmainās krēpes. Nez kā nu būtu gājis, ja būdiņas durvīs neparādītos māte ar žagaru rokā. Iedzina lauvu atpakaļ bufetē, apkaunināja zelta jumpravu, sagrāba mani aiz rokas un raudošu vilka mājās.

Paliku vēlāk par lielu vīru. Visādos dārzos mani veda, visādas gudrības mācīja klausīt. Vēl tagad, tīrīdams lauvu būrus, dzirdu, kā teltī šķind zelta auskari, spiedz, rūc un smejas.

VĒSTULE

Noplēsu kuponus, kopā ar tukšajiem iepakojumiem aizsūtīju aploksnē, taču atbildi nesaņēmu. Nokasīju sudraba joslu, bet skaitlis „10 000" neparādījās. Arī bultas vai sirsniņas attēlu apakš alus korķa neieraudzīju.

Likās, ka visu pareizi daru, bet mana laime, redz, kavējas. Manu vārdu Lieldienu zaķis neizvilka no cepures un nevi-cināja ķepā pa visu studiju.

Having kicked off my boots, forgetting everything in the world, I jumped into the haystack that contained the maiden, to be taken by her to her garden. But out of the blue, a horrid roar split the air and a huge lion crawled out from the cupboard with eyes as big as two platters and thus he roared:

"You dumb little oniony ninny! You have entered the maiden's garden with feet that are dirty with mud! I will bite off your head so that you cannot mock my fair maiden!"

Shaking with fear, I watched the fiery mane approaching. Who knows what would have happened, had mother not appeared in the door, switch in hand. She chased the lion back into the cupboard, berated the golden maiden, grabbed my hand and dragged me, bawling, all the way home.

Later, I became a great man. They took me to all kinds of gardens, taught me all kinds of lessons. Even now, when I'm cleaning the lion cages, I hear the tinkle of golden earrings, I hear the shrieking, growling and laughing.

LETTER

I cut out the coupons, sent them off in an envelope with the empty wrappings enclosed, but got no reply. I scratched at the silver band, but the number 10,000 did not appear. And there were no hearts or arrows under the bottle cap.

It seemed I was doing everything right, yet Fortune was somehow held up. It was not *my* name the Easter Bunny pulled out of the hat and paraded all over the studio.

Tā nu es sēžu bez ceļojuma uz Alpiem, bez tostera, bez „Narvesen" dāvanu kartes. Pārdevējas klusē kā sfinksas, pastniece noplāta rokas, bet televīzijas telefons vienmēr aizņemts.

Likās, ka visu pareizi daru, visu pareizi atbildēju – gan tēlu grieķu mitoloģijā, gan pasaules čempionu šahā, gan naudas vienību Kazahijā. Kur kavējas mana laime, kur viņas mazās dāvaniņas?

Laikam es esmu pārlieku resns un bāls. Laikam valkāju nesmukas drēbes. Laikam man draugos vien sliņķi un lūzeri. Nenāk Laime ne tuvu pie manas pastkastītes, jo es tajā baroju putniņus.

IEKŠĒJĀS KĀRTĪBAS NOTEIKUMI

Es neko pretī nerunāju, paskatījos un paklusēju, nopūtos, sēdos pie sava galda. Arī citiem neko daudz neteicu, tikai dažiem pastāstīju, ko es pats par to domāju.

Man taču neviens neprasīja, visu pa kluso izdarīja, un pēc tam nekā mainīt nevarēja.

Tikai vēlāk dzirdēju, kāds esot teicis, ka turpmāk gan būšot citādi – visu jau iepriekš pateikšot, dažiem pat priekšā parādīšot, un savā starpā neko nedrīkstēs runāt, un, pasarg Dies, kaut ko stāstīt uz ārpusi. Tā arī citiem pastāstīju, un kāds bij tik stulbs un gāja prasīt, vai tiešām tā būšot.

Tagad uz mums visi ir ļoti dusmīgi, teica, būs nepatikšanas. Tas mani drusku apbēdināja, bet es to neteicu skaļi. Tikai sēdēju mūsu telpā pie sava galda, tad ienāca viņa, pārlaida acis istabai un aizejot noteica: „Te jau neviena nav".

So here I am: no trip to the Alps, no toaster, no Narvesen gift
　　　certificate. The sales girls are as mute as the Sphinx, the
　　　postman shrugs, helpless, and the TV phones are forever
　　　busy.
It seemed I was doing everything right, I gave the right answers
　　　– named the character from Greek mythology, the world
　　　champion in chess, the legal tender in Kazakhstan.
　　　Where is Fortune then, where are her little favours?
I must be too fat, too pale. It must be my ugly clothes. Or it
　　　must be my friends, those loafers and losers. Fortune
　　　passes my post box by, for I use it to feed little birds.

INTERNAL RULES OF CONDUCT

I did not answer back, just looked and kept quiet, sighed and
　　　sat down at my desk. Nor did I say much to the others,
　　　except I told some of them what I thought about it all.
Nobody asked me anything, they just went about it quietly
　　　and then nothing could really be done about it.
Only later I heard someone had said that things would change
　　　in the future: everything would be laid out in advance,
　　　people would even be shown the ropes, just under no
　　　circumstances could it all be discussed or, God forbid,
　　　mentioned to an outsider. That's what I told the others,
　　　but someone was stupid enough to go and ask if that
　　　really was the case.
Now everyone is very angry with us, said we were in trouble.
　　　That upset me a bit but I wouldn't say it out loud. Just sat
　　　in our room by my desk and then she came in, looked
　　　around the room and, upon leaving, said: "But there's
　　　no-one here."

GRĀMATA

Tā ir ļoti laba grāmata, to man viena draudzene iedeva. Teica, tur viss kā par viņu rakstīts, lasot visu var labi saprast.

Viņai kā akmens no sirds novēlies, kā zvīņas nokritušas no acīm, un savam džekam pateikusi: ilgāk tā turpināties vairs nevar.

Vakar mēs drusku iedzērām pabā, šī kā no jauna piezimusi. Teica: tev noteikti jāizlasa, un tā nu viņa to grāmatu iedeva man.

Kamēr tu biji klases salidojumā, es to grāmatu izlasīju. Un man kā ar āmuru iesit pa pieri, un man kā zibens no skaidrām debesīm – ja jau tu pats to nesaproti, tad laikam man tev tas jāpasaka: šitā nu gan vairs neies cauri!

To grāmatu es tev atstāju, palasi. Braukšu projām uz dažām dienām, man ieteicams nedaudz pabūt vienatnē. Pie jūras un svešiem, vienkāršiem cilvēkiem, mazā, nomaļā zvejniekciemā, kur visa pasaule sadosies rokās un palīdzēs man.

PREZIDENTE

Jūtu – prezidentei uz mani labs prāts. Nezinu tik, kāpēc. Pilnīgi iespējams, kāds viņai stāstījis – tepat netālu dzīvo viens pilsonis, godā jūs, tur īkšķi par jums un vienmēr vienisprātis ar jums.

Pilnīgi iespējams, prezidente parādā nepaliks – varbūt jau šodien uz pili aicinās, piespraudīs man pie kamzoļa ordeni, pamielos ar pašceptiem sklandraušiem, paklačosies, kā sokas ar valstslietām.

BOOK

It's a very good book, a girlfriend gave it to me. She said, it's
    like it was all written about her, everything so easy to
    understand.

It's like a weight had been lifted off her chest, it's like scales
    dropped from her eyes, so she said to her beau: it
    can't go on like this.

Yesterday we had a few drinks in a pub and she was like
    born again. She said: you must definitely read it, and
    so she gave me the book.

While you were at your class reunion, I read the book. And
    it suddenly hit me like a bolt of lightning – if you
    don't get it yourself, I guess I'll just have to say it:
    enough is enough!

I left you the book, take a look. I am going away for a few
    days, it will do me good to be alone for a while. By
    the sea with strangers, simple folk, in a small, remote
    fisherman's village where all the universe will con-
    spire to help me.

PRESIDENT

I feel the President regards me with favour. No idea why.
    It's very possible someone has told her: nearby there
    lives a citizen who honours you, always keeps his fin-
    gers crossed for you and is always in agreement with
    you.

It's very possible the President will repay me in kind: she
    may invite me to the palace today, fasten a medal to
    my jumper, treat me to home-baked goodies and gos-
    sip about matters of state.

Varbūt padomu paprasīs – neesmu velti skolā gājis, visu mūžu godīgi strādājis. Protu pats savu dampi sataisīt, pļunduru zemē ielikt viens divi. Nebūtu lāgā, ja kaut kādas intrigas liegtu man saņemt pelnīto godu. Jūtu – man priekšā lielas lietas. Vajadzēs izbuktēt labās bikses. Šodien rādīja viņas runu, pašās beigās sajuka vārdi, papīri aizplīvoja pa gaisu, viņa stāvēja viena pati, likās, lūdzoši skatījās manī, un rokā drebēja karodziņš.

KĀDĀ IZRĀDĒ

Uz pirkstgaliem, plecos ierautu galvu es nāku jums piedāvāt savas necilās veltes.
Uz skatuves jauni puiši stāv, kājstarpes plaukstām saķēruši, un lēni kustina brūnos gurnus. Ejas starp rindām pārpildītas, suņi dzen ganāmpulkus uz balkoniem, neskatās manī neviens, bet projām ar' nedzen.
Nevar saprast, kurš te tas lielākais kungs, kuram teikt, lai kādu brītiņu palaiž mani tur, gaismās, parādīt, kādas sedziņas māku tamborēt, kādus groziņus māku pīt.
Sāku spraukties turp, kur atskan tā mīlīgā mūzika, bet saplīst lielākā taša un mantiņas izbirst pa grīdu. Kamēr glābju, kas glābjams, jau redzu – kāds sivēns grauž vienu cibiņu, govis bradā pa baltajiem deķīšiem, taures visapkārt rēc un spurdz.

Perhaps she will ask for my advice – after all, I've gone to school, I've done honest work all my life. I know how to fix my own wheels, how to put in the night-lines. It wouldn't be nice if as a result of some intrigue I were deprived of the honour that is my due.
I feel there are great things ahead. I'll have to press my good trousers. Today they showed her speech on TV, at the end, she stumbled over her words, papers scattered in the wind, she stood there alone, she seemed to look at me pleadingly and the little national flag in her hand was shaking.

AT A PERFORMANCE

On tiptoe, my head sunk into my shoulders I am coming to present you with my humble offerings.
Young guys are on stage, grabbing their crotches and slowly gyrating their sun-bronzed hips. The aisles between rows are crowded, dogs are herding people to the balconies, no one is looking at me, but they're not throwing me out.
Hard to figure out who is in charge here, whom I should approach to let me up there, under the lights, to show off my skills in doily-crocheting and basket-weaving.
I'm beginning to elbow my way over to where that sweet music sounds when the biggest bag rips and my things scatter all over the floor. While I'm trying to rescue what I can, I see that a piglet is chomping its way through a basket, cows are trampling the white doilies, and bugles are howling with laughter.

Uznāk raudiens, un eju jau prasīt, kurš te tas lielākais
    kungs, un kurš man maksās to skādi, te kāds no
    skatuves pudeli met un trāpa man taisni pa galvu.
Acīs sagriežas melni aploki, vēkšpēdu krītu rindu starpā.
Ar acu kaktiņu samanu vēl, kā puisis skatuves vidū
    uzvaroši ceļ rokas.

LAIKA ZIŅAS

Mākoņus vienmuļā debesī var iekopēt arī no cita negatīva.
Šim nolūkam tirdzniecībā dabūjami mākoņu negatīvi, kurus
saprātīgi lietojot, var dabūt košu iespaidu.

Mārtiņš Buclers, *Fotogrāfiska ābece* (1905)

Diktors Braiss agri no rīta rakņājas mākoņos, stumda tos uz
    Meksikas līča pusi un pierunā: „Cienot jūsu vēsturi
    un tradīcijas, mēs tomēr esam vienojušies atbalstīt
    patīkamāku laika apstākļu projektus."
Pilnībā kontrolē debesis. Pats tikko pamodināts, gluži silts.
Mākoņi paklausa nelabprāt – vazājas saskrāpētajās debesīs
    kā lieli, netīri vīrusi, kurina savstarpēju negaisu,
    spiežas ap diktoru Braisu.
Visas studijas sienas tiek filmētas. Tad, kad beigušās finanšu
    ziņas, es redzu, kā sudrabains mākonis iesit Braisam,
    kā viņš krīt, atsizdamies perlamutra mākonī, lido,

I feel like crying and I'm on my way to find out who's in charge here and who'll pay for the damage when someone on stage throws a bottle and hits me right on the head.

I see black circles before my eyes and fall backward between the rows. Out of the corner of my eye I notice the guy in the centre of the stage lift up his arms in triumph.

WEATHER FORECAST

Clouds can be copied onto a solid sky from another negative. Cloud negatives can be bought for this purpose and, when used prudently, can produce a striking image.

MĀRTIŅŠ BUCLERS, *ABC of Photography* (1905)

Weatherman Brice rises early, rummages through the clouds, pushes them in the direction of the Gulf of Mexico and reminds them: "While we respect your history and traditions, we still have agreed to lend support to projects for more agreeable weather patterns."

He has total control over the sky. Having just been awakened himself, he is still warm with sleep.

The clouds obey, though reluctantly – they wander the scratched-up sky like large, dirty viruses, they incite mutually-assured thunderstorms, they crowd around Weatherman Brice.

All the walls of the studio are being filmed. Once the financial news is over, I see a silvery cloud take a swing at Brice, he tumbles, hitting a mother-of-pearl cloud,

ķerdamies spalvās un gubās, līdz pazūd apakšā
putekļu mākonī.
Miljoniem skatītāju visā pasaulē redz, kā vairāki melnīgsnēji
mākoņi demonstratīvi nolīst. Atlikušie peld vairāku
jūdžu augstumā, un sākas kultūras ziņas.

REMONTS

Tikai sestdienās, svētdienās un svētku dienās mēs drīkstam
gulēt vienā šķirstā – pavērt ķirmju saēstās durvis ar
līku, brangu rokturi, elpot viens otra trūdaino dvašu,
visu nakti vārtīties pīšļos.
Lai rītā, atgriežoties tur augšā, redzētu – sairusi vēl kāda
pussala, nodilis vēl kāds zemesrags, vēl daži mākoņi
nokrituši uz zemes, viss aptīts palagiem, pārklājies
baltiem pelniem.
Pusdienlaikā ietrīsas zirnekļu tīkli, mēs saņemam ziņas
par jaunajām nelaimēm, kas atgadījušās visā pasaulē.
Pērkam vīnu, dodamies ciemos pie draugiem.
Pārrunājam dīvainas pašnāvības, īpaši smieklīgas bēru
paražas. Dažkārt kāds patēlo beigtu, bet citi stāsta par
viņu visjaukākās lietas un bēdā, cik ļoti tā pietrūkst.
Šai sausajā pagrabā, kur stiklos mirdz gurķi un sēnes,
šūpojas sīpolu ķēdes un plauktos smaida oranžu
ķirbju bezzobu mutes.

flies about and is caught in cirrus and cumuli, then
finally disappears in a cloud of dust.

Millions of viewers around the world see how several
lowering clouds demonstratively pour with rain.
The remaining clouds just float several miles above
ground, and now here comes the culture news.

RENOVATION

It is only on Saturdays, Sundays and holidays that we can
lie in the same casket – open the rickety door with
its crooked handle, breathe each other's stale breath,
wallow in dust all night long.

So that in the morning, returning up there, we see – an-
other peninsula crumbled away, another cape sub-
merged, yet a few more clouds fallen to earth, every-
thing swaddled in sheets, covered in pale ash.

At noon the cobwebs are aflutter, we receive news about
the latest disasters that have visited various parts of
the globe. We buy wine and go visiting friends.

We discuss strange suicides, particularly funny funeral
customs. Now and then, someone pretends to be
dead, others tell beautiful stories and say how much
he'll be missed.

In this dry cellar where pickles gleam in glass jars, where
strings of onions sway in the breeze and where
orange pumpkins grin toothlessly on shelves.

FILMA

Šausmas pielabo meikapu un atgriežas doktora Kaligari
kabinetā. Mīļās, krāsainās Šausmas vairs nešņāks
zem gultiņas draudīgas noktirnes ieplestām acīm,
izstieptiem pirkstiem, un tumsa nekņudēs vēderā.
Bez skaņas slīd titri, titros upuru vārdi.

MUTES

1

Mutes, kas vakar vēl pletušās bezdomu smaidā, šodien
savilktas apaļā čokurā. Kosmosa melnās nakts darva
pludo pa vaigiem, un plānais vasaras apģērbs to
uzsūc kā dzēšlapa.
Sienas sadrūpot atsegušas tumšu, pretīgu bezgalību
kā salūzušu televizoru bez pults, bez skaņas, bez
antenas. Bez atspīdumiem, kur ieraudzīt savu
sarkano muti, savas lūpas, sakniebtas naidā.

2

Agri rītā pēc trīsdienu prombūtnes mute pārrodas mājās.
Prieka rugāji staro visapkārt, mēle piezīdusies tumšām
un svešām smaržām.
Lūpas kā sapņos salipušas bijīgā izbrīnā uzklausa pirmos
kliedzienus, saņem pļaukas. Tad lido sudraba tējkarotes,
tējkarotes, neasi naži, pelnutrauks, sojas katls un
piparu doze. Tomātu mērce tek pa sienām kā filmā.

MOVIE

Horror adjusts her make-up and returns to the cabinet of
Dr. Caligari. Dear, luxuriant Horror will no longer
hiss under the crib, her eyes wide and menacing,
her fingers splayed, and the darkness will no longer
make the pit of your stomach tingle.
Credits roll without sound, listing the names of the victims.

MOUTHS

1

Mouths that were grinning yesterday in thoughtless smiles,
today are round and puckered. The black tar of the
cosmos is flooding down cheeks and the thin summer
clothing absorbs it like blotting paper.
Crumbling, the walls have revealed a dark and repulsive
infinity like a broken TV without a remote, without
sound, without an antenna. And without reflections to
show your crimson mouth, your lips tight with hatred.

2

Early in the morning, after an absence of three days, the
mouth comes home. Stubble radiates joy all around,
the tongue is heavy with dark, alien scents.
Lips, stuck together as if in a dream, listen to the first shouts
in awe and wonderment, and accept the blows. Then
silver teaspoons, blunt knives, an ashtray, a soy pot
and a pepper-mill start flying. Tomato sauce is run-
ning down the walls like in a movie.

Mute paslēpjas migā un drebinādamās klabina zobus. Mākoņi melni pa istabu šaudās, līdz nogrand, nolīst un bezspēkā nokrīt.
Tagad var lūpu kaktiņu pabāzt no segas apakšas, ieelpotrāmu gaisu un saldi nožāvāties. Tagad var iedziedāties.

* * *

vasara elso
aiz tilta līst

INGMĀRA BALODE

Upes pār manas zemes vaigu kā slapjas matu šķipsnas.

Paplunčājies un skaties, kā dzeja notek no mūsu pleciem, cik nemanāmi žūst mīlestība.
Kā sasalis stāvi uz akmens tilta un gaidi nakti, kad izpeldēs zalktis un vēros tevi zaļajām acīm.

The mouth hides in its den, teeth chattering in fear. Black
   clouds dart about until finally there's a rumble and
   rain and a helpless collapse.
Now a corner of one's mouth can emerge from under the
   blanket, the still air can be drawn into one's lungs
   and a sleepy yawn can follow. Now one can break
   into song.

* * *

   summer gasps
   rain beyond the bridge
      INGMĀRA BALODE

Rivers like strands of wet hair over the face of my country.

Splash about and see how poetry drips from our shoulders,
   how imperceptible is the drying of love.
Stand frozen on the stone bridge and wait for the night, when
   the grass-snake will emerge to observe you with emer-
   ald eyes.

NAKTS PĀRDAUGAVĀ

Nāc, es tevi vedīšu mājās.

Tramvajs kā piedzēries kuģis noauļo pārdesmit pēdējos metrus, pagriežas asi – lai braucēji krīt no krēsliem un pamostas –, atvēris durvis, ielaiž vagonos tumsu.

Pēc lietus mirdz slapjie bruģakmeņi, vēlīgi vārtus ver aptieka, slimnīca, trakomāja un kapi. Veikalu skatlogos rūķi un perfektas virtuves iekārtas. Mēs tām paiesim garām.

Visu nakti spuldzes blāvajā gaismā kāds sēž pie kioska, alu dzer un vēlīniem pircējiem atņem naudu. Tu viņam iedosi cigareti un viņš mums malciņu ielies.

Mana ieliņa pēkšņi pārtrūkst milzīgas šosejas priekšā, pēdējā brīdī mēs iesprūkam kāpņu telpā. Tur balti kaķi staigā pa sienām, uz grīdas kraukšķ tukšas ampulas, koku zari attaisa logu un viegli skrubina notriepto stiklu.

Visas istabas gluži tukšas, krāsaini stari uz griestiem un sienām mums rāda kino – tur tumšā kļava aiz loga izstaipās caurā miegā, tur pagalma dobēs dīgst zāle, mans vectēvs, izmeties baltā kreklā, sēž uz grīdas un mizo ābolus.

Stari satumst. Māja apstājas tumsas tuneļa vidū. Aizmiedz, tālāk tev jāiet vienam.

Come, I will take you home.

The tram like a drunken ship lurches the last dozen metres or
so, then turns sharply – so that the passengers fall off
their seats and wake up – and, having opened its doors,
lets in the dark.

The wet cobblestones glisten in rain; invitingly open, there's a
pharmacy, hospital, nuthouse and graveyard. Gnomes
and appliances for the perfect kitchen beckon from shop
windows. We will pass all of them by.

All night long, by the pale light of the bulb, someone sits by
the kiosk, drinking beer and robbing late customers of
their money. You'll give him a cigarette and he'll give us
a swig.

My little side-street suddenly comes out onto a huge highway,
at the very last moment we duck into a stairwell. White
cats walk the walls there, empty ampoules crack under
our feet, tree branches push open the window and nib-
ble at the grimy glass.

All rooms are completely empty, colourful beams play like
movies over the ceiling and walls – lightly asleep, the
dark maple outside the window stretches, grass sprouts
in the garden, my grandfather in a white shirt sits on the
floor peeling an apple.

The gloom thickens. The house comes to a halt in the middle
of a dark tunnel. Go to sleep, the rest of the way you'll
be on your own.

ZĪMES

Tiklīdz tev kaut kas nepatīk, nekavējoties dod par to zināt – signalizē ar noliektu pieri un samiegtām acīm, neliec man svaidīties šaubās un minējumos.

Lai straujāks galvas pagrieziens vai tikko manāma lūpu drebēšana dod nepārprotamu mājienu – divvientulības planēta briesmās, Mazais Princis veltīgi meklē tās apaļo apvārsni, lai pieķertos, pieturētos, neatkristu tālu melnajās orbītās.

Lai runā sažņaugtās dūres un galvai pārvilktā sega – mans trokšņu slāpētais adresant, mana semiotikas mācību grāmata, atver acis kaut vai uz brīdi, kaut vai parādi mēli.

ES

Ja es kontrolēju savu iekšējo orgānu darbību, tad tas vēl nenozīmē, ka man tādu vispār nav. Joprojām aknas, plaušas un nieres riņķo ap manu sirdi, zvēro un deg.

Daudz mazu zvaigžņu pukst manī dzalkstīdamas, šūpojas, krīt. Un tad es palieku slims. Istabā lēni mainās gaisma un tumsa. Jūtu – daudz mazu pilsētu riņķo ap Rīgu spiegdamas, drebinādamās salā.

Ik mirkli es zaudēju milzīgu daudzumu enerģijas un siltuma. Tāpēc gribu, lai tu lēzenos lokos riņķo ap mani.

SIGNS

As soon as you don't like something let me know right away: signal with a lowered forehead and squinting eyes, don't let me flounder in doubt and guesswork.

Let a sudden turn of the head or a barely noticeable trembling of the lip serve as an explicit hint: the planet of twosomeness is in danger, the Little Prince searches in vain for its curving horizon to grasp, to hold onto, to prevent himself from falling backwards into the outer darkness.

Let clenched fists and head hidden under a blanket speak – my muffled addressee, my semiotics textbook, open your eyes if only for a brief moment, stick out your tongue.

I

Just because I can control the functioning of my inner organs, it doesn't mean I don't have any. Liver, lungs, and kidneys keep circulating around my heart, they smoulder and burn.

Many a little star pulses inside me, sparkling, swaying and falling. And then I get sick. Light and dark slowly change in the room. I have this feeling – that there are many little cities circulating round Riga crying out, shivering with cold.

With every minute that passes I lose huge amounts of energy and warmth. That's why I want you to circle slowly around me.

SNIEGAVĪRS

Te nu es stāvu, citādi nevaru, kails tavā priekšā vakara krēslā. Tu mani pats esi izveidojis – bezmiega naktīs, ziemas salā, apķepinādams ar savām siekalām, savām asarām. Ar saviem sviedriem, puņķiem un spermu. Tu mani veidoji, neveikli glāstot. Te nu es stāvu, liels un dīvains, bālgans un grubuļains tavā priekšā. Saki – vai es tev vēl patīku? Ja kaut kas labojams, atceries – šobrīd vēl ziema, ja gribam būt precīzi – janvāris.

KARAVĪRI

Mēs gulējām gultā formastērpos: es – vācietis blondiem matiem, tu – krievs ar pižiku galvā. Jau daudzus gadus bijām gatavi cīņai.

Es tikai uz mirklīti aizsnaudos, un tu man deniņiem piegrūdi revolveri. „Dod man papirosus, naciķu izdzimteni," tu lūdzi. "Dirsā tev papirosus, utainais vaņka," es nepakustējies atbildēju.

Tu sagrābi mani ar brīvo roku, atplēsi formastērpu uz krūtīm, bet – kas tad tas? Zem SS formas man vīdēja Kubas kareivja tērps!

Tu pārsteigts skatījies manī. Es biju kļuvis par kubieti: kupla bārda, mirdzošas acis, cigārs aizsprausts aiz auss.

Tu aizmeti revolveri, apraudājies aiz laimes: „Es zināju, sirdī es vienmēr zināju, ka blakus man gulēs biedrs un draugs!"

„Lai dzīvo revolūcija!" čukstēju, skūpstīdams tevi uz kakla. „Es padodos!" tu klusi murrāji, ļaudams, lai tevi izģērbj.

SNOWMAN

Here I stand, I cannot do otherwise, naked in front of you, in the evening shadows. You shaped me yourself – on sleepless nights, in the dead of winter, smearing me with your saliva, your tears. With your sweat, your snot, and your sperm.

You shaped me, caressing me awkwardly. So here I stand, large and strange, pale and bumpy before your eyes. Tell me – do you still like me? If there's anything that you want changing, remember: it's still winter – January, to be precise.

SOLDIERS

We lay in bed in uniform: me, a blond-haired German, you, a Russian in a furry hat. For many years, we had been ready to do battle.

I dozed off for just a moment and you put a gun to my head. "Give me a smoke, you Nazi degenerate," you demanded. "Up your arse with smokes, you fleabag Ivan," I replied without moving.

You grabbed me with your free hand, ripped open the front of my uniform and – what the hell? Under my SS uniform, there was one of a Cuban soldier!

You stared at me taken aback. I had become a Cuban: a bushy beard, sparkling eyes, a cigar behind my ear.

You threw away your gun, you cried through happy tears: "I knew it, I always knew deep down in my heart that a friend and a comrade would be lying next to me!"

"Long live the revolution!" I whispered, kissing your neck. "I surrender!" you purred quietly, letting me take off your clothes.

Bet, atpogājis tev formu, riebumā atsprāgu atpakaļ – tev zem formas amerikāņu jūrnieka tērps!

Un tu pats, man blakus gulēdams, patiešām – amerikānis kas amerikānis: plati smaidīji, zobus rādīdams, košļeni zelēji.

Paķēru dunci un turēju tev pie kakla, bet tu tikai ķiķināji: „Redzi, compadre, ne viss ir tik vienkārši!"

Mans asmens viegli pārslīdēja pār tavu neskūto jeņķa vaigu, atstādams sarkanu svītru. „Nekur tu man nespruksi, kapitālistu cūka," sakostiem zobiem teicu. Tu tikai pasmaidīji: „Nožēlojamais fanātiķi, es vienmēr būšu ar tevi."

Mēs guļam gultā formastērpos: es – bārdainais kubietis, tu – smaidīgais amerikānis. Esam gatavi cīņai. Pilna pagulte cigāru nodeguļiem un košļeņu piciņām.

METĀLS

Zaļš, vientuļš marsietis savā šķīvītī laidās pār Kurzemes mežiem siltā vasaras naktī. Pār upīti lidodams, redzēja māju ar augļu dārzu un meiteni puķainā kleitā, kas sēdēja viena uz lievenīša.

Marsietis nolaidās, piesēja šķīvīti, padeva dievspalīgu. Meitene skumji pasmaidīja, šauru, dzeltenu stīpiņu pirkstā grozīdama, un teica: „Pasēdi kādu brīdi ar mani. Man ir briesmīgi bail".

Marsietis aplika roku meitenei, tā pieglauda galvu pie viņa vidējās auss. „Nebaidies," sacīja marsietis. „Man arī bija briesmīgi bail, piemēram, kad pirmoreiz vārīju ķirbju

But having unbuttoned your uniform, I recoiled in disgust: you had an American Marine uniform under the other one!

And, lying next to me, you were as American as could be: grinning widely, flashing your teeth, chewing piece of gum.

I grabbed a knife and put it to your throat, but you just kept giggling: "You see, compadre, it's not all that simple!"

My blade grazed your unshaved Yankee chin ever so lightly, leaving a red line. "There is no escaping me, you capitalist pig," I said through clenched teeth. But you just smiled: "You stupid fanatic, I will always be with you."

We lie in bed in uniform: me, the bearded Cuban, you, the smiling American. We are ready to fight. Under the bed, it's full of cigar butts and balled-up, discarded gum.

METAL

A lonely green Martian was flying over the forests of Courland on a warm, summery night. Flying over a river, he spotted a house with an orchard and a girl in a flowery dress, sitting alone on the porch steps.

The Martian landed, secured his saucer, greeted the girl politely. The girl smiled sadly, turning a thin, yellow ring on her finger, and said: "Sit with me for a moment. I'm so very afraid."

The Martian put his arm around the young girl, she leaned her head against his green middle ear. "Fear not," said the Martian. "I too was afraid, for instance when I was making that pumpkin soup for the very first time. But it

zupu. Bet beigās sanāca tā nekas."

„Es zinu," meitene nočukstēja. „Viss būs labi, es esmu prātīga. Bet labāk brauc – ir jau vēls, un atmosfēras spiediens ir augsts."

„Būs labi," marsietis atkārtoja. Atsēja šķīvīti, piemiedza aci un uzlaidās zvaigžņotās debesīs. Arī viņš pazina bailes, ko cilvēkiem sagādā dzeltenais, smagais metāls – viegli kaļams un viegli stiepjams, dabā sastopams tīrradņa veidā.

ATMIŅAS NO TAUTISKĀ LAIKMETA

MAGNĀTA ATMIŅAS

Skolā esmu gājis vien četras ziemas – vecākiem bija jāpalīdz, krietns pulciņš brāļu un māsu, ātri apguvu visus darbus. No krievu valodas tulkoju krimiķus, no angļu valodas – aforismus.

Tēvs allaž cēlās mazā gaismiņā. Kad māte brokastā sauca, bija izrediģējis jau veselu loksni. Brālis brida pa sniegu septiņus kilometrus uz teātri, rakstīja recenzijas. Lielajai māsai vājas acis, palika neprecējusies. Šī tik pa istabu, rakstīja ansambļiem dziesmu tekstus.

Līdz sirmam vecumam tēvs ar māti sēdēja iejūgti korektūrās, plecu pie pleca zīmēja grāmatu vākus. Kad manas vadoņu biogrāfijas sāka nest labu naudiņu, nopirku vecākiem nelielu tipogrāfijas mašīnu. Tagad viņi var atvilkt elpu – māte raksta Ziemsvētku dzejoļus, tēvs, pīpīti sūkdams, funktierē krustvārdu mīklas.

turned out all right."

"I know," the girl whispered. "It will all be fine, I'm okay. But you should be on your way: it is late, and the atmospheric pressure is high."

"It will all be fine," the Martian repeated. He untethered his saucer, winked at the girl and flew up to the starry heavens. He also knew the fear people face when confronted by this heavy yellow metal – easily shaped, easily stretched, found in nature in pure form.

MEMORIES FROM THE AGE OF NATIONAL AWAKENING

MEMORIES OF A TYCOON

I attended school only for four winters – had to help my parents, had quite a few brothers and sisters, I learnt any job really fast. I translated crime novels from Russian and aphorisms from English.

Father always got up at the crack of dawn. When mother called him to breakfast, he'd already edited quite a number of pages. My brother braved the snow, walking seven kilometres to the theatre: he was writing reviews. My big sister had bad eyesight, she never married. Just stayed around the house, writing lyrics for bands.

Well into their old age, my father and mother sat there swamped with proofs, drawing book covers side by side. When my leaders' biographies started bringing in the bacon, I bought my parents a little printing press. Now they can catch their breath: mother writes Christmas poems, father's figuring out crossword puzzles, sucking on his pipe.

Es to visu drukāju savā avīzē: darbdienās četras lappuses, sestdienās astoņas, reizi mēnesī literāriskais pielikums, abonentiem ik gadus kalendārs. Brāļi raksta par politiku, tautsaimniecību, māsas par modi un sieviešu lietām. Vakaros visi sēžam pie lielā galda, un pastarīte mums lasa priekšā žuļiku romānus.

ISLANDIEŠU MĀJSAIMNIECES ATMIŅAS

Visādas labas lietas zeme izverd no savām dzīlēm: zivis, pufaikas, helikopetrus, un reizēm pa kādam lielam, spīdīgam džipam. Tad tik skrien klāt un turi priekšautu, zvani Olafuram, lai pienāk un palīdz aiznest.

Atnāks bērni no skolas, katrs sev gribēs to labāko, zināms jau, sakausies. Sadusmosies i cits uz citu, i mums vēl uzrūks. Šie jau domā, ka mums viss no gaisa krīt.

RETORIĶA ATMIŅAS

Patiesība atkal izrādījās dārgāka, un Platons ne pa jokam apvainojās. „Nu tad ēd un dzer kopā ar savu patiesību, nu tad drāz savu patiesību," viņš teica, pasauca zēnus un aizgāja. Sēdos un pierakstīju mūsu sarunu: mani argumenti bija neapgāžami. Tad viens pats izdzēru visu krūku un parubījos.

Viņš pie manis vairs nenāca, pat neapsveica dzimšanas dienās. Iegūtā patiesība ar laiku pārvērtās maldos. Dzīres vairs nerīkoju, sapinos ar kaut kādiem Sicīlijas sofistiem, tie man pārdeva desmit pūrvietu labas zemes uz Mēness. Tur es aru un sēju, tur es ēdu un dzeru. Vakaros kurinu vecos pierakstus, spārdu etiķa mucas un saucu: "Kur tu esi, Platon, mans draugs?"

I keep printing all this in my newspaper: four pages on weekdays, eight on Saturdays, a literary supplement once a month, a calendar for subscribers every year. My brothers write on politics and economy; my sisters on fashion and women's things. In the evening we all gather around the big table and the youngest sister reads cops-and-robbers novels to us.

Memories of an Icelandic Housewife

The earth keeps spewing out all kinds of good stuff: fish, parkas, helicopters and, from time to time, a big, shiny jeep. All you have to do is to run over there, hold out your apron and call Olafur to come and help lug it all home.

The kids will come home from school and each one will want the best for himself; I know they'll fight. They'll get angry with each other and snarl at us, I know they will. They think everything just grows on trees.

Memories of a Rhetorician

Truth again turned out to be more precious and Plato took serious offense. "Okay, so eat and drink with that truth of yours, go ahead and fuck your truth," he said, called over the boys and took off. I sat down and recorded our conversation in writing: my argument was solid as a rock. Then I drank the whole jug dry and mulled it all over for a while.

He did not come to me anymore, didn't even send birthday greetings. The obtained truth gradually turned into delusion. I no longer held symposiums, I got involved with some Sicilian sophists who sold me ten acres of good land on the Moon.

There I sow and I reap, there I drink and I eat. In the evenings I burn my old notes, kick vinegar barrels and call out: "Where are you, Plato, my friend?"

KARAĻA IBĪ ATMIŅAS

Pamodos vēlu, virtuvē – žurka grauza man kurpi. Noskaloju mūli, atradu pieliekamajā vecu kroni, uzmaucu galvā un skrēju uz sapulci.

Jau pie durvīm varēja dzirdēt, kā tie maukas bļauj: „Atdod man Silēziju!" „Atdod man Morāviju!" Noskaities iespēros iekšā, dauzīju kurpi pret galdu un kliedzu: „Būs klausīšana vai nebūs?"

Tie visi apklusa, apsēdās. Jauki, nodomāju, jau gribēju kāpt uz galda un sacīt runu, te skatos: visi no azotēm izvelk nažus.

SANČO PANSAS ATMIŅAS

Ciemos un lielākos klajumos man, protams, jāturas pārdesmit soļu iepakaļ – kungs laikam domā, ka mana smaka varētu aizbaidīt meitenes. Protams, ja viņš vispār ko domā.

Naktīs man nereti jāguļ pie cūkām, kamēr kungs kopā ar kaķiem dzied serenādes vai pastaigājas pa jumta kori, izstiepis rokas pret mēnesi. Protams, ja vien nav apmācies.

Kungs nevar pateikt, kurp ved mūsu ceļš, manuprāt – tikai uz elli. Pāris reižu jau liku noprast, ka labprāt tur dotos pa taisno, nevis nopakaļ viņam caur visu pasauli. Viņš saka – es esot pesimists.

Bet dažreiz, jājot caur dziļu mežu, kungs noglauda manu ēzelīti un it kā starp citu saka – es viņam esot labākais, vienīgais draugs. Protams, tad viņš ir iedzēris.

Un dažreiz kungs nāk pie manis zvaigžņotās naktīs un guļ kopā ar mani, turpat starp cūkām. Un zvaigznes un kunga sviedri un asaras straumēm pār mani līst, kad elsdams viņš sauc visdaiļākās meitenes vārdu.

Memories of Ubu Roi

Woke up late, in the kitchen – a rat was gnawing at my shoe. I rinsed my mug, found an old crown in the pantry, stuffed it on my head and ran to the meeting.

Already behind the door I could hear those sluts yelling: "Gimme back Silesia!" "Gimme back Moravia!" Incensed, I burst in, hit my shoe on the table and shouted: "Now toe the line, will you!"

They all fell silent and sat down. Good, I thought and was about to get onto the table and make a speech when I look up, and they have all pulled knives out of their pockets.

Memories of Sancho Panza

In villages and in open spaces, I have to lag behind a couple of dozen steps, of course: master must think that my odour might scare away girls. If, of course, he thinks at all.

At night, I often have to sleep with the pigs while master serenades with the cats, or walks along the ridge of the roof, arms outstretched to the moon. If, of course, it's not cloudy.

Master can't say where the road is taking us; I think it's most likely to hell. I've already hinted a couple of times that I'd like to go straight there instead of following him through the entire world. He says I'm a pessimist.

But sometimes when we're riding through a thick forest, master pats my donkey and says nonchalantly that I'm his best and only friend. That, of course, is when he's been drinking.

And sometimes master comes to me on starry nights and sleeps with me, right there, among the pigs. And stars and master's sweat and tears cascade over me when, panting, he calls out the name of the most beautiful girl.

Nav netīru glāžu uz virtuves galda, nav izsmēķu pelnutraukā, viskija pudele skapī neaiztikta. Nav pornofailu datora atmiņā, nav prezervatīvu iepakojumu miskastē. Viņš jau cieši aizmidzis, krāc.

Nav jaunu īsziņu viņa mobilajā, nav šaubīgu priekšmetu viņa somā un kabatās. Tikai neskaidra aizdomu dūmaka dzīvoklī plīvo.

Ko gan es būtu palaidis garām – domāju, malkodams viskiju. Kā viņš vienmēr tā pamanās noslēpt pēdas? Arī par darbu nekā man nestāsta, visu uzzinu tikai tad, kad slepkavas apcietināti un bildes jau visās vakara avīzēs.

Pilnīgi tā kā ar svešu cilvēku, pukojos, skalodams tukšo glāzi. Paskatījos – spilvenu apkampis, cieši aizmidzis, krāc.

Sadusmojos vēl vairāk, savilku dūri, iesitu šim pa stilbu, nokrācās vien. Kaut viņam būtu zilums. Lai nu liek lietā visu to dedukciju, lai nu izdomā, kas šim iesitis.

LIVE

ir tādi koncerta apmeklētāji
kas atpazīst dziesmu pēc pirmajiem ģitāras akordiem
UN TAD VIŅI KLIEDZ

ir tādi apmeklētāji
kas atpazīst pirmā pantiņa sākumu
UN TAD VIŅI KLIEDZ

Memories of Dr. Watson

There are no dirty glasses on the kitchen table, no cigarette ends in the ashtray, the whisky bottle remains untouched. There are no porno files in the computer memory, no condom wrappers in the bin. He is fast asleep, snoring.

There are no texts on his mobile, no dubious objects in his bag or his pockets. Only a vague mist of suspicion settles over the flat.

What is it I've missed, I wonder as I sip my whisky. How can he always manage to cover his tracks? He never tells me anything about work either, I only find out when the murderers have been caught and their mug-shots are in all the evening papers.

As if we were strangers, I grumble, rinsing my empty glass. I look over at him – he's hugging the pillow, fast asleep, snoring.

I got even more upset, made a fist, hit him on the shin, and all he does is let out a snore. I hope there's a bruise. Let him use all his powers of deduction, let him work out who it was that hit him.

LIVE

There are concert-goers
who recognize a song by the first chords on the guitar
AND THEN THEY SCREAM

there are audiences
who recognize the beginning of the first verse
AND THEN THEY SCREAM

ir tādi
kas atpazīst tikai piedziedājumu
pēc ceturtās reizes
UN TAD VIŅI KLIEDZ

un vēl ir tādi
kas neatpazīst neko
akli un kurli tie kaktiņā vemj
līdz apsargi viņus iznes no zāles
UN TAD VIŅI KLIEDZ

MĀMIŅ, MAN IR PLĀNS!

Atgriezties atkal dzīvot pie mammas – atbraukt ar visām mantām, godīgi pateikt: māmiņ, es centos, tu pati redzēji, centos. Bet tas viss tomēr nav priekš manis.

Tad varētu gulēt pofigā visu dienu, skatīties seriālus, pārtikt no mammas algas un vēlāk – pensijas. Līdz tam laikam pensijas noteikti jau būs normālas. Palīdzēt viņai nest produktu somu, ļaut, lai sabar, pamāca, apmīļo. Krēslainos ziemas vakaros činkstēt un dīkt:

„Māmiņ, manā vērtību sistēmā nav vieta vīrišķības kategorijai! Māmiņ, savu identitāti es konstruēt gribu kā apzināti marginalizējusies personība! Māmiņ, mana taktika ir visdeviantākais no visiem pašdestrukcijas modeļiem!"

Māmiņa tikai skatītos, smaidītu, domātu: „Gan dēliņš tiks pāri šai nesakarīgajai vervelēšanai un izaugs par jauku sarunu biedru."

there are
those who recognize only the refrain
after the fourth time
AND THEN THEY SCREAM

and there are those
who don't recognize a thing,
blind and deaf, they throw up in the corner
until the guards carry them out
AND THEN THEY SCREAM

MUMMY, I HAVE A PLAN!

To go back and live with my mum – to go with all of my things and tell her quite honestly: Mummy, I tried, you saw for yourself, I really tried. But it simply isn't for me.

Then I could stay in bed all day, watch soap operas, live on mum's salary and, later, on her pension. By that time pensions are sure to be normal. Help her carry the groceries, let her scold me, teach me, hug me. On dark winter evenings keep on wittering:

"Mum, in my system of values there's no such category as manliness! Mum, I want to reconstruct my identity as a consciously-marginalized personality! Mum, my tactic is the most deviant of all modes of self-destruction!"

Mummy would just look at me and smile, thinking: "A time will come when my son gets over this senseless babbling and grows up to be a nice conversation partner."

PROBLĒMAS

Riebīgā māksla – no tās nāk vienīgi nepatikšanas. Atveras priekškars. Parādās pirmie kadri. Atšķiru pirmo lappusi. Vienmēr jau skaidrs – būs sūdi. Manā acu priekšā Otello tic visādām blēņām. Trepļevs murgo. Jūlijas jaunkundze meklē kašķi. Man jau skaidrs – labi tas nebeigsies.

Lapa pēc lapas, cēliens pēc cēliena. Ģimenes idille izjūk. Mīlestība nomirst. Atklājas drausmīgā patiesība. Atskan šāviens. Varone sajūk prātā.

Aizšķiru lappusi. Apturu disku. Ceļos un spraucos ārā no zāles, citiem kāpdams uz kājām. Ieslēdzos dzīvoklī, tumšā istabā guļu zem segas.

Neviens nešauj man logos bultas, nestāv pie durvīm ar koka zirgu, bruņukuģis "Potjomkins" nebrauc pa ielu. Atceros savu mīļāko ainu – monotonai mūzikai skanot, palagos vārtās rožaini ķermeņi, savītām kājām, kunkstēdami. Necieš neviens un nemuld.

JAUNĀ VIELA

Ēdnīcas gaitenī vēl smirdēja pēc sākumskolnieku atvemtās eļļas, bet mēs todien ņēmām jauno vielu. Skolotāja ienesa klasē spaini. Katrs dabūja pilnu krējuma burciņu, smēla jauno, gaiši pelēko vielu un smērēja acīs, ausīs un matos. Ilzīte vienā rāvienā izdzēra visu un paģība.

Viela lēnītēm sacietēja, iesūcās mūsu galvās, liekais nobira nost. Stulbākie nāca klases priekšā, metās ceļos, skolotāja bāza tiem galvas spainī. Noguldījām Ilzīti pēdējā solā, medmāsa viņai spricēja dibenā.

PROBLEMS

Art's disgusting – all it does is bring problems. The curtain opens. The first frames appear. I open the first page. And it's always clear – some shit will happen.

In front of my very eyes Othello falls for some bullshit. Treplev rants. Miss Julie is picking a fight. I know for sure – no good will come of it.

Page after page, act after act. The family idyll unravels. Love dies. The horrible truth emerges. A shot rings out. The heroine goes mad.

I close the book. I stop the disc. I get up and squeeze out of the audience, stepping on toes. I lock myself up in the apartment, lie down in a dark room under the blanket.

No one shoots arrows at my window, no one stands by my door with a wooden horse, battleship Potemkin does not float by in the street. I remember my favourite scene – against a background of monotone music, rosy bodies roll around between the sheets, their legs entwined, softly moaning. No one is suffering, no one talks bullshit.

NEW MATERIAL

In the hallway by the canteen, there was still the stench of the oil vomited by the primary school pupils, but we were moving onto the new material that day. The teacher brought a pail into the classroom. Everyone was given a full jar, they scooped up the new, light grey material and smeared their eyes, ears and hair with it. Ilze drank it all in one gulp and fainted.

The material gradually hardened, soaking into our heads, and the surplus fell off. The dumbest ones came up to the front of the class, dropped to their knees and the teacher immersed their heads in the pail. We laid Ilze down on the bench in the back and the nurse gave her a shot in the bottom.

71

Stundas beigās visi jau bija piesūkušies, skolotāja lēkāja apkārt transā. No viņas ķermeņa krita pelēkas lēkšķes. Bruņojušies ar lineāliem, iedzinām viņu kaktā un dūrām ar cirkuļiem. Viņas asinis jaucās ar gaiši pelēko vielu, ar krīta putekļiem skropstās.

Iebāzām viņu sienas skapī pie slotām. Ilzīte pielēca kājās, norāva drēbes, izkliedza pussaprotamus vārdus. Uz tāfeles viņa zīmēja zvaigznājus, virpuļu apļus, asinīm nošķiestus. Garš kauciens pieņēmās spēkā. Daži zēni ar pierēm izsita logus un aizlidoja.

Es apķēru galda kāju un saknupu zemē. Deniņos asinsvadi vai plīsa, galvā dunēja. Es sapratu visu, es zināju visu, pasaules spožums un posts kauca un lēkāja manā priekšā. Es biju pārdzimis citā būtnē, es biju gatavs eksāmeniem.

* * *

Kambarītī aiz bioloģijas kabineta kaktā aiz plastmasas ģindeņiem stāvēja garena koka kaste ar apaļu caurumu galā. Vēlās brīvstundās man tur patika zagties un dīvaino kasti pētīt.

Melnajā caurumā saskatīt nevarēja nenieka, tikai iesāļa smarža vējoja apkārt. Dažkārt saņēmu dūšu un melnajā caurumā lēni iebāzu roku.

Drebošie pirksti sataustīja tādu kā raupju drēbi, kurā bija ietīts kas silts. Dažkārt drēbe, šķiet, pašķīrās, atsedzot

By the end of the lesson, everyone was saturated, the teacher was jumping around in a trance. Grey caked stuff was falling off her body. Armed with rulers, we chased her into the corner, stabbing her with our compasses. Her blood was mixing with the light grey matter and the chalk dust on her eyelashes.

We stuffed her into the broom cupboard. Ilze jumped to her feet, tore off her clothes, yelling something incomprehensible. She drew constellations, swirling circles, all splattered with blood. A long howl grew louder and louder. Some boys broke the windows with their foreheads and flew out and away.

Hugging a table leg, I dropped to the ground. In my temples, blood vessels were about to burst, my head was throbbing. I understood it all, I knew it all, the glory and filth of this world was howling and jumping before my eyes. I had been reincarnated as another being, I was ready to take the exams.

* * *

In the cupboard behind the biology lab, in the corner behind plastic skeletons, there was an oblong wooden box with a round hole at one end. At the end of the day, I liked to steal over there and examine the curious box.

It was impossible to see anything in the black hole, there was just this whiff of something salty. Sometimes, mustering all my courage, I slowly put my hand in the black hole.

My trembling fingers groped at something like a rough cloth, wrapped around something warm. Sometimes, this

kaut ko miklu un pūkainu, šķiet, kaut ko mīkstu un apaļu. Taču roka par īsu, lai to varētu satvert.

Reiz izdevās pakampt pirkstos, šķiet, spalvu kumšķīti, bet, dzirdējis tādu kā šņācienu, ņurdienu, steigšus atrāvu roku, kamēr vēl vesela, satraukts lavījos projām. Tāds bija mans noslēpums. Taču drīz vien skolotājai no kambara nozaga galvaskausu, tāpēc kambari pasāka pieslēgt.

Arī es augu lielāks un meklēju brīnumus ne vairs apkārtnē savā, bet pats pie sevis.

* * *

Pēc dažiem gadiem atkal aizbraucu uz savu bērnu dienu pilsētu un brīnījos – cik zemi visi žogi, apkvēpuši kakti, visur suņi, laputis un zirnekļi.

Es rātni skatījos, kā visi nāk un izsūdz bēdas – cik bezgodīgs un ļauns var paša radagabals būt, cik slikti Jāņonkulim nabagmājā, cik parādi jau nomaksāti, cik vēl priekšā.

Es smaidīju par simtreiz teiktiem jokiem, vēroju līdz kaulam pazīstamās sejas, mielojos ar zupu, kura nemainīga gadiem cauri plūst kā Lielupe. Un viss tik dīvains, smieklīgs, mazs.

Un nolēmu, ka turp vairs nebraukšu. Un tagad man vairs māju nav, vien manis paša četras sienas apkārt. Vien dažreiz atceros, kā atvadoties kāds man teica: „Uz tevi dikti ceram, par tevi bieži domājam."

cloth seemed to part, revealing something damp and fluffy, something soft and round. But my arm was too short to grab hold of it.

Once, I managed to wrap my fingers around what seemed like a piece of fur, but hearing what sounded like a hiss or a growl, I snatched my hand back while it was still in one piece and, shaken, I sneaked out.

Such was my secret. But before long, the teacher had a skull stolen from the cupboard, so they started locking the door.

As for me, I was growing up and was beginning to look for miracles, not around me, but within.

* * *

After a few years had passed, I once again returned to my childhood city and was amazed at how low the fences were, how sooty the corners, and how there were dogs, aphids and spiders everywhere.

I passively watched how everyone came to lodge their complaints – saw how dishonest and evil one's own flesh and blood can be, how bad the poor house is for Uncle Jānis, saw how many debts have been repaid and how many still remain.

I smiled at jokes repeated a hundred times, I observed faces that were as familiar to me as my own, I gorged myself on soup that has flowed through the years like the Lielupe. And it was all so strange, so funny, so small.

And so I decided never to go back. And now I do not have a home, just the four walls around me. Yet sometimes I remember how someone said to me on parting: "We really count on you, and think of you often."

Kad Sintijas īsais un grūtais mūžs bija noslēdzies, viņa cēlās uz gaišajiem Debesu mājokļiem dusēt mūžīgā mierā. Bet vārtos stāvēja svētais Pēteris bargu seju un sacīja tai:

"Tavs īsais un grūtais mūžs nu ir galā, bet nevaru tevi laist gaišajos Debesu mājokļos, jo tavi akadēmiskie parādi pret Debesīm brēktin brēc. Ja gribi rast mūžīgo mieru, saki man, Sintija, kas tas ir – diskurss?"

Un Sintija teica: "Neņem nu ļaunā, svētais Pēter, bet nezinu, kas ir diskurss. Dienā, kad mūsu kursam to stāstīja, kopā ar mazajiem brāļiem un māsām es mežā lasīju žagariņus."

Svētais Pēteris, brīdi klusējis, sacīja tai: "Ai, nabaga Sintija, grūts ir tavs ceļš uz Debesu mājokļiem. Saki man vismaz, kas tas ir – paradigma?"

Un Sintija teica: "Es atbildēt nevaru, svētais Pēter, jo dienā, kad mūsu kursam to stāstīja, es mazā, nomaļā meža skolā mācīju bērniem lasīt un rakstīt."

Svētais Pēteris, brīdi klusējis, sacīja tai: "Ai, nabaga Sintija, sūrs ir tavs ceļš uz mūžīgo mieru. Saki man jel, kas tas ir – identitāte?"

Un Sintija teica: "Svētais Pēter, dienā, kad mūsu kursam to stāstīja, es auklēju savu dēlu ar dzelteniem matiem un gaišzilām acīm gluži kā viņa tēvam, filoloģijas profesoram."

Tad svētais Pēteris nopūtās dziļi un teica: "Ai, nabaga Sintija, īss un skarbs bij tavs mūžs, un veltīgi prasīt tev gudras lietas. Bet redzu, tev laba sirds. Un tāpēc dzēsīšu tavus akadēmiskos parādus un došu tev mūžīgo mieru".

Un svētais Pēteris atvēra vārtus, un Sintija iegāja gaišajos Debesu mājokļos.

When Cynthia's short and difficult life came to an end, she ascended to Heaven's bright dwelling to repose in everlasting peace. Yet Saint Peter stood at the gate and thus said unto her:

"Your life, short and difficult as it's been, has ended, but I cannot let you into Heaven's bright dwelling, for your academic debts are crying out against Heaven. If you want to obtain everlasting peace, tell me, Cynthia, what is 'discourse'?"

And replied Cynthia: "Don't be angry, Saint Peter, but I have no idea what discourse is. On the day my class was told about this, I was gathering twigs in the forest with my little brothers and sisters."

After a brief pause, Saint Peter said unto her: "You poor, poor Cynthia, your way to Heaven's bright dwelling is wrought with hardship. Tell me at least what a 'paradigm' is."

And replied Cynthia: "I have no answer for you, Saint Peter, for on the day my class was told about this, I was teaching children to read and write in a small and remote school in the forest."

After a brief pause, Saint Peter said unto her: "You poor, poor Cynthia, your way to Heaven's bright dwelling is wrought with suffering. But tell me this: what is 'identity'?"

And replied Cynthia: "Saint Peter, when our class was told about this, I was nursing my son – he of the yellow hair and light blue eyes just like his father's, the philology professor's."

Then Saint Peter let out a deep sigh and said: "You poor, poor Cynthia, short and difficult your life has been, and it is in vain that I ask you about these clever matters. But I see you have a good heart. So I will cancel your academic debts and grant you everlasting peace."

And Saint Peter opened the pearly gates and Cynthia entered Heaven's bright dwelling.

ŪDENS MALKI

Teicams paradums – uzglabāt vārītu ūdeni.
Teicama sajūta aiziet ciemos un redzēt,
ka vēl kāds piekopj šo paradumu.
Nav taisnība manam bijušajam,
kurš šo nodarbi uzskatīja par psihisku novirzi
un katru dienu nesa no veikala minerālīti.
Metroseksuāļi un sievietes
manto šo paradumu no paaudzes paaudzē:
vārītais ūdens uzkrājas glītā kannā
un karstās dienās glābj kalstošo rīkli.

Taču reizēm var glābt arī nevārīts ūdens.
Kad epidemioloģe vaicāja,
kur gan es sadabūju šo infekciju
un es jau paguru domās uzskaitīt
visas neķītrās, pazemojošās epizodes,
viņa kā glābšanas riņķi man pasvieda ideju:
„Varbūt no krāna ūdeni dzērāt?"
„Jā," es laimīgi izsaucos, „kā tad, ka dzēru!"
Viņa nosodoši kratīja galvu un pirkstu,
bet acis silti iemirdzējās – kā divi ūdens malki.

UZVARA

Uzspēlēsim kādu spēli, kurā tu varētu uzvarēt!
Noderēs gan galda teniss,
gan orientēšanās sacīkstes Kalngales mežā.
Varam samērīties ar krāniņiem vai izdzertām glāzēm –
uzmanīgi klausīšos tavus noteikumus.

DROPS OF WATER

An excellent habit, to save boiled water.
An excellent feeling to go on a visit and see
others indulging this habit.
My ex was wrong,
he considered this habit a mental aberration
and brought bottled water from the shop every day.
Metrosexuals and women
pass on this habit from generation to generation:
the boiled water is kept in a nice kettle
to save many a parched throat on hot summer days.

Yet at times unboiled water can come to the rescue.
When the epidemiologist asked me
where could I have contracted this infection
and I had wearied of mentally going through
all the lewd, humiliating possibilities,
she threw me the lifeline of an idea:
"Have you been drinking tap water perhaps?"
"Yes," I cried, happy and relieved, "I certainly have!"
She shook her head and wagged her finger at me,
yet her eyes sparkled with warmth – two drops of clear water.

VICTORY

Let's play a game that you could win!
Table tennis would do,
so would orienteering in the Kalngale forest.
We can compare our weenies, or shots we have downed –
I am ready to accept your rules.

Gribu redzēt to smaidu,
kas apskaidros tavu seju pēc pārliecinošās uzvaras.
Gribu redzēt, kā tu apmierinājumā aizmiedz,
atstādams mani bezmiegā –
mani, kam vārdi „uzvara", „sasniegums", „panākums"
tagad liek tikai netīksmē nodrebēt.

LABU APETĪTI!

Ja tu zinātu, kas tajā cīsiņā iekšā,
tu to vis neēstu.
Ja tu zinātu, kā tas šķīvis ir mazgāts,
tu to pēc maltītes nelaizītu.
Ja tu zinātu, kas tavu jaciņu šuva
un kā ieguva tiesības viņu pārdot,
tu tajā vis nestaigātu.
Ja tava māte zinātu,
kas tev vakarā novilks šo jaciņu,
diez vai būtu laidusi tevi pasaulē.

Ja tu zinātu, kur mana mute maldījusies,
tu mani vis nebučotu.
Ja tu zinātu, ko mana mute teikusi,
tu manī vis neklausītos.
Tāpēc apēd to cīsiņu, aizpogā jaciņu,
samaksājam un braucam pie manis.
Viss, ko tev varu pateikt no sirds,
ir izsakāms īsi: labu apetīti!

I'd like to see the smile,
that would light up your face after your victory.
I'd like to see how you'd fall asleep, satisfied,
leaving me sleepless –
me, to whom the words "victory", "achievement", "success",
cause a shudder of disgust.

BON APPÉTIT!

If you knew what's in that hot dog,
you certainly would not eat it.
If you knew how that plate was washed,
you certainly would not lick it clean.
If you knew who had sewn your jacket
and how its sales rights were obtained,
you certainly would not wear it.
If your mother knew,
who'd be taking off your jacket tonight,
she might not have given birth to you.

If you knew where my mouth may have strayed,
you certainly would not kiss me.
If you knew what my mouth has said,
you certainly would not listen.
So eat your hot dog, button up your jacket,
let's go ahead and pay and go to my place.
What I can say to you in all sincerity
takes just a couple of words: *bon appétit!*

PUTEKĻUS SLAUKOT

Telpa ap mani nometa veco ādu,
tā sakrājās istabas kaktos putekļu vērpetēs.
Telpa dzīvo vien tālāk un neatceras neko.
Arī es mācos no viņas – saslauku putekļus,
eju dušā, noberzēju sev veco ādu.

Jaunā, sārtā un mitrā āda neatceras neko.
Kā gan citādi es varētu sēdēt tai pašā istabā,
gulēt tai pašā gultā, iet tajā dušā,
berzēt sevi ar tām pašām rokām.

Citādi sen jau man bija jānokrīt istabas kaktā,
jāsabirst putekļos, jānokļūst melnajā plastmasas maisā,
jāgaida otrdiena vai sestdiena,
kad atbrauks miskastes mašīna,
savāks konteinerā un dosies tālāk
tais pašās, sen zināmās ielās.

Es guļu tai pašā gultā,
mana piere kā tikko slaucīta grīda,
mana āda kā rožaina spilvendrāna,
es neatceros neko.

PIEAUGUŠIE

„Neturi muti vaļā," saka pieaugušie, „tev zupa uz
        krekliņa līst!"
Viņi slauka man lūpas taukainā dvielī un strīdas –
citi šai vecumā paši jau ēdot,
paši noslaukoties un sakot „paldies",
citiem šai vecumā varot pateikt, kas kamī atsities.

DUSTING

The space around me shed its former skin,
and it collected in the corners as whirls of dust.
The space lives on without remembering.
I try to learn from it: I pick up the dust,
take a shower, rub off old skin.

The new pink, moist skin remembers nothing.
How else could I be sitting in that same room,
sleeping in that same bed, taking that same shower,
rubbing myself with those same hands.

Otherwise I would have to drop into the corner,
turn to dust, end up in a black plastic sack,
wait for a Tuesday or a Saturday
for the garbage truck to come
and put me in a container, then drive on
down these same familiar streets.

I sleep in that same bed,
my forehead like a freshly swept floor,
my skin like a pink pillow-case,
and I remember nothing.

ADULTS

"Close your mouth," say the adults, "you're getting soup all
        over your shirt!"
They wipe my lips with a greasy towel and mutter:
other kids your age eat on their own,
they clean themselves and know to say "thank you",
with other kids your age one can tell who takes after whom.

Barojiet mani, pieaugušie,
jūs, kas paši ēdat tik veikli un daudz.
Kad izaugšu, studēšu jurisprudenci un grāmatvedību,
spēlēšu vijoli, šahu un tenisu jums par prieku, kā vien
        vēlaties,
tikai nevajag pacelt balsi.

„Neturi muti vaļā," saka pieaugušie, „klausies:
kad jūs pāriesiet otrajam tiltam, tad metīsiet vainadziņu,
pasniegsiet pīrāgus, šņabi lielajiem, morsu mazajiem.
Tad jums uztaisīs vārtus un palaidīs balonus.
Neskrieniet visiem pa priekšu, smaidiet!"

Barojiet mani, pieaugušie, jūs jau labāk zināt tos tiltus.
Tantes un onkas no abām pusēm,
kolēģi, draugi un kursabiedri,
visi jau šovakar dabūs izteikt savus padomus,
        novēlējumus.
Gari, ilgi un laimīgi gadi paies, lai visus tos īstenotu.

„Neturi muti vaļā," saka pieaugušie,
„apgulies, mērīsim asinsspiedienu.
Ja tu vēl vienreiz līdīsi tuvu pie gāzes plīts,
ja tu vēl vienreiz kaut ko cepsi,
tad aizsūtīsim uz citu māju, tur tevi baros sveši!"

Barojiet mani, pieaugušie, jūsu vārdus vairs neatceros,
bet katrs vaibsts jūsu piktajās sejās šķiet pazīstams.
Garus gadus es klausījos, mācījos,
daudz ko jums varētu pastāstīt,
tikai vienmēr tās karotes maisās pa vidu –

pusvārdā apklust, pusvārdu norij
mana mute pavērtā, brīnumu pilnā.

Feed me, adults,
you who eat so much and with such agility.
When I grow up, I will study law and accounting,
I will play the violin, chess and tennis – whatever will
        make you happy,
just do not raise your voices.

"Close your mouth," say the adults, "and listen:
when you cross that second bridge, toss in the wreath,
then serve the meat pies, give schnapps to the adults,
        lemonade to kids.
Then you will go through a gate and balloons will be released.
Don't run ahead of everyone, smile!"

Feed me, adults, you who know more about those bridges.
Aunts and uncles from both sides,
colleagues, friends and classmates,
all will have a chance to express their good wishes.
It will take long, happy years to make them all come true.

"Close your mouth," say the adults,
"lie down, let's take your blood pressure.
If you go too close to the stove once more,
if you try to fry something on it once more,
we'll send you away and you'll be fed by strangers!"

Feed me, adults, I no longer remember your names,
yet I recognize every feature in your cross faces.
For many a year I listened and learned,
and now there is much I could tell you,
but the spoons keep getting in the way –

interrupted mid-word, I swallow it all unsaid,
with my mouth half-open, my mouth full of wonders.

JŪS

Es gribu redzēt, kā jūs abi mīlējaties,
kā segas krokās meklējat viens otru,
kā kāja pārliecas pār kāju, roka satver roku.
Man jāredz viss: kurš kuru apskāva,
kurš kuru pagrieza uz sāniem,
kurš pastiepās un naktslampiņu izslēdza.

Es gribu dzirdēt nopūtas un elsas,
kas izvēršas par klusu zemestrīci,
es gribu just tos grūdienus, no kuriem
trīc gulta, visa māja, visa pasaule,
no kuriem sagrūst viss, kas citās naktīs
reiz tika uzcelts mīlestības maigumā.

Es gribu ēnā stāvēt, visu nakti raudzīties –
vai aizmigusī roka turēs apskāvienā?
Vai elpas vienmērīgi plūdīs iekšā ārā?
Vai grozīsieties murgos, galvas svaidīdami?
Vai sega nokritīs uz grīdas, atstādama
jūs kailus, aukstos sviedros drebošus?

Vai nemodušies pusnemaņā celsieties
un taustīsiet – kas noticis, kas pazudis,
kas atstājis jūs bārus? Vai jūs sajutīsiet,
kā tumsā pāri slīd mans vēsais skats?

YOU

I want to see the two of you make love,
groping for each other in the folds of the sheets;
to see a leg entwine a leg, a hand clutch a hand.
I have to see it all: who embraced whom,
who turned whom on his side,
who reached up and turned the night-light off.

I want to hear sighs and panting
turn into a quiet earthquake,
I want to feel those thrusts which
shake the bed, the house, the world entire,
see all that other nights have built in tender love
come crashing down.

I want to remain in shadow, watching all night long –
will the sleepy arm hold its embrace?
Will your breathing flow smoothly in and out?
Or will nightmares torment you, toss heads to and fro?
Will the covers fall and leave you
naked, trembling, drenched in sweat?

Will you get up semi-conscious
and grope around – what happened, who's missing,
how come you have been orphaned? Will you feel
my glance slide coolly over you in the dark?

DAUGAVAS KREISAJĀ KRASTĀ

No attāluma viss liekas tik skaists –
uz katra torņa apzeltīts gailītis,
Vanšu, Akmens un Dzelzceļa tilti
skaisti kā tavi klasesbiedri
izlaiduma kopīgā bildē,
skaisti kā viss, kas tavā dzīvē
ienāk par naga platuma tiesu.

Cik tad ilgi pretējā krastā
sēdēsi, sapņaini vērdamies upē –
aprīs tevi kāds daudzstāvu nams,
aizsegs šo skaisto panorāmu,
lietas un cilvēki tuvosies tev,
augs arvien lielāki viņu apveidi,
mūžīgā tuvplānā apskaus tevi.

Katru poru uz viņu ādas,
katru švīku uz iepakojuma
rādīs un skaidros gari un plaši.
Apvainosies, ja neklausīsies,
raustīs aiz rokas, ja neskatīsies,
un, ja tu ko vēlēsies iebilst,
aizbāzīs tavu muti ar skūpstu.

PAVASARIS PĀRDAUGAVĀ

Jauna meitene izkar pilsētas skvērā mitru, smaržīgu vešiņu, baltum baltu noskalotu visās dzidrajās peļķēs. Jo pavasarī tai svaigai jāstaigā miglu un garaiņu pilnajās ielās.

Vakarā viņa atgriežas pie baļļas mazajā virtuvē aiz

ON THE LEFT BANK OF THE DAUGAVA

Everything so beautiful from a distance –
a gilded cockerel on every spire,
the bridges – suspension, stone and railway –
as handsome as your classmates
in the graduation photo,
as beautiful as everything that enters your life
like a hop-o'-my-thumb.

How long are you going to sit
on the opposite bank, dreamily scanning the river –
you will get swallowed up by some highrise
that will block this beautiful skyline,
objects and people will draw nearer,
their outlines ever expanding,
till they embrace you in an everlasting close-up.

Every pore of their skins,
every scratch on the packaging
will be pointed out and explained.
They'll take offense if you don't listen,
they'll pull your sleeve if you don't look,
and if you feel like objecting,
they'll cut you off with a kiss.

SPRING IN PĀRDAUGAVA

A young girl hangs up damp, scented lingerie in the city
square, rinsed out in all the transparent puddles. For in spring
she must walk fresh through the misty, steamy streets.
In the evening she returns to the tub in the cramped

norasojušām rūtīm. Jo viņas vecā māja ož pēc prauliem un drēgnuma, ugunskura dūmi jau ložņā ap pumpuriem dārzā, naktī apvijas viņai un čukst: „Mēs gribam plīvot kopā ar taviem matiem!"

„Nē, nē, es nevēlos jūsu smārdu! Tīrai un svaigai man rītdien jāiziet ielās," viņa runā pa miegam. It kā viņa nebūtu mirusi, it kā viņas kauli nebūtu samalti miltos un kopā ar izdedžiem iemūrēti šai mājā. Viņas kliedzieni naktīs modina dzīvos, kas mīt starp miglām, garaiņiem, dūmiem.

RAIDERIS

Es gribu iejāt pilsētā uz ēzeļa mātes, lai ļaudis izklāj savas drēbes uz ceļa un kaisa to palmu zariem. Var arī ziedus bez kātiem, tikai ne lilijas, krizantēmas, un margrietiņas, jo tās mani skumdina.

Es gribu braukt uz Templi Mercedes Benz S klases auto vai vismaz Audi A8. Un lai pie Tempļa man lej uz galvas dārgu svaidāmo eļļu ar vieglu muskusa noti.

Lai varu darīt brīnumus visu ļaužu priekšā ar 120% atdevi, gan jaunus, gan vecos labos: „Meitenes uzcelšanu", „Vīģes koka nolādēšanu", „Mēnessērdzīgā zēna dziedināšanu".

Lai varu pēc tam sēdēt ar saviem asistentiem, uzēst jēru un iedzert no biķera. Tikai ņemiet vērā, ka daži no viņiem ir vegāni. Un lai naktī viens no divpadsmit nāk un noskūpsta mani.

90

kitchen behind the steamed-up windows. For her old house smells of damp and rot, smoke from the bonfire creeps past the buds in the garden, twisting around her at night, whispering: "I'd like to stream out behind you with your hair!"

"No, no, I don't want your stench! Clean and fresh I must be when I go out tomorrow," she mutters in her sleep. As if she were not dead, as if her bones had not been ground to dust and entombed in these walls along with slag. Her cries wake the living at night, those who inhabit the fog, the mist, the smoke.

RIDER

I want to ride into the city on a jenny, and I want people to lay their clothes on the road and adorn it with palm branches. Stemless flowers would also do, with the exception of lilies, chrysanthemums and daisies, for they make me sad.

I would like to arrive at the Temple in an S-Class Mercedes Benz or at least an Audi A8. And let them anoint my head with expensive oils – ones with an undertone of musk.

So that I can perform miracles in front of people with a 120% dedication, both new ones and the old mainstays like: "Awakening the Girl", "Cursing the Fig Tree", "Curing the Sleepwalking Boy."

So that I can then sit with my assistants, partake of some lamb and drink from a chalice. Just remember that some of them are vegans. And let one of the twelve come to me at night and give me a kiss.

ROKA

Kādu dienu mana roka bija kļuvusi brīva.

Atbalstīdamies pret zemi uz saliekto roku pirkstu vidējiem kauliņiem, ar garajām rokām ķermeni ceļot uz priekšu, es jau mēnešiem ilgi centos ieturēt arvien stāvāku gaitu. Roka pierada veikt tādas operācijas, ko citi pērtiķi nespēja atdarināt. Tā cēlās augšup, nakts tumsā mirdzinādama balto plaukstu.

Kādu dienu manu izstiepto roku kāds satvēra.

Ieķēries cita rokā es, vissabiedriskākais no visiem dzīvniekiem, piecēlos kājās pavisam. Arvien biežāki kļuva savstarpējas palīdzības un kopīgas sadarbības gadījumi, roka mācījās sargāt un paturēt, saprast no pusglāsta, notraukt skujas un dubļus no cita rokas. Arī neattīstītā rīkle lēnām, bet neatlaidīgi pārveidojās modulācijas ceļā, mutes orgāni pakāpeniski iemācījās izrunāt vienu artikulētu skaņu pēc otras.

Sarunu ceļā viss notiek tik ātri.

Tagad mums priekšā jauni sasniegumi: uguns izmantošana, dzīvnieku pieradināšana, uzvara pār tiem aizspriedumiem, kas nošķir garu un matēriju, dabu un cilvēku, miesu un dvēseli.

Un par katru šādu uzvaru daba mums atriebjas.

HAND

One day my hand became free.

By supporting myself on the knuckles of my hands and bringing my body forward with my long arms, I'd been trying for months to have an ever more upright gait. My arm got used to performing operations such as other apes could not begin to imitate. In the dark of night, it rose up with its white palm shining.

One day someone grabbed my outstretched hand.

Holding on to the hand of another, I, the most social of animals, stood up completely straight. With time, such occasions of mutual help and cooperation became more frequent, my hand learning to protect and to hold, to recognize a half caress, to brush off needles and mud from another's hand. My undeveloped gullet was slowly but surely transformed by way of modulation, the organs of my mouth gradually learnt to produce one articulated sound after another.

By way of negotiation, everything happens so quickly.

Now we have new accomplishments ahead of us: using fire, domesticating animals, claiming victory over those prejudices that separate mind and matter, nature and human beings, body and soul.

And nature takes its revenge on every one of our victories.

SAVAS KĀRTAS PATIKŠANA

Uzaudzis ideoloģiskā vakuumā, es ierados galvaspilsētā, skaidri zinādams: mans ķermenis pieder tautai. Dārgie biedri nāca un gāja, atstādami uz tā savus novēlējumus, ierosinājumus.

Visapkārt ritošā privatizācija manās acīs bija līdzīga noziegumam. Saplūst, sakust ar savu šķiru, izberzt sevi caur sietu tās dēļ, nonākt tai istabā, kur esamība nerimtīgā kustībā guļ virsū apziņai, kamēr apziņa vērīgi pētī zirnekļu tīklus kaktos – kas var būt labāks par to?

Biedri manu apziņu piesūcināja līdz ūkai, diskrēti mācīdami: tev nebūs laist sevī mīlas opiju vai jūsmot par kaut ko tādu, ko nevar apskatīt, satvert un nolobīt. Esamības pilnību sasniegušais atkrīt palagos nosvīdis un sapņo tik vien, kā paraut segu uz savu pusi.

Jo, kā Rakstos stāv sacīts, nevis apziņa nosaka esamību, bet gan esamība nosaka apziņu. Sevišķi vasaras naktī, sevišķi četros no rīta, pēc tam, kad mūzika apklususi un nosists pēdējais ods.

SĀLS

Mīloša roka ir sālījusi skolas ēdnīcas makaronus. Trīs kompotu nepietiks, lai no mutes pagaistu stiprās jūtas. Divas trešdaļas atstāj šķīvī un laidies projām.

Iemīlējušies sētnieki kaisa uz ietvēm sāli, visu ceļu tas ēd tavu zābaku ādu. Apaļas kupenas ceļmalā satupušas kā

ENJOYING MY CLASS

Having been raised in an ideological vacuum, I came to the capital with the clear knowledge that my body belongs to the people. Dear comrades came and went, inscribing it with their wishes and suggestions.

The privatization taking place all around me seemed criminal to me. To merge, to blend with my class, to be rubbed through a sieve in its name, to reach that place where existence, constantly on the move, lies on top of consciousness while consciousness scrutinizes the cobwebs in the corners – what can be better than this?

Comrades saturated my consciousness to the gills, discreetly advising me: you must not let the opium of love get inside you, nor should you get all excited about something that can't be examined, grasped and taken apart. The one who's reached the fullness of existence falls back on the sheets drenched in sweat, and only dreams about pulling the blanket to his side.

For, as Scripture says, it is not consciousness that determines existence but rather existence that determines consciousness. Especially on a summer's night, especially at four in the morning, after the music has stopped and the last mosquito has been killed.

SALT

A loving hand has salted the noodles in the school dining room. Three helpings of compote will not be enough to clear our mouth of the strong taste. Leave two thirds on the plate and vanish.

Street-cleaners in love pour salt on the pavements, and it keeps eating at your boot leather all along your route.

mazas baznīciņas, gaida, kad tajās sāks zvanīt sniegpulk-
stenīši.

Maigas zvanu skaņas mūs sasniedz svētdienas rītā, kad
esmu nolaizījis visas pasaules sāli no tavām krūtīm. Tu
piecelsies, noslaucīsies un paņemsi plauktā grāmatu, kurā
pantu rindiņas garas kā makaroni –

iemīlējušies dzejnieki raksta dzejoļus, garus un
juceklīgus. Lasi no sākuma, lasi no beigām, saprast nevar
nekā, tikai sagaršot – pudu pudiem tajos sakaisīts sāls.

TELEVIZORS

Televizorā kausē sviestu, cep gliemežus, griež kubikos
kartupeļus. Ak, ja mums būtu krāsns, ko visu mēs nesaceptu!

Televizorā skan lipīgi piedziedājumi, atklājas nedēļas
hīti. Ak, ja numurā būtu klavieres, mēs kaimiņiem liktu
trūkties!

Asinis tek pār asmeni, ķermenis nokrīt uz grīdas.
Ak, cik labi, ka visi bufetes naži ir neasi, visas glāzes no
plastmasas.

Ak, ja šeit būtu bankomāts, mēs izņemtu naudu no
blēdīgās, zaglīgās bankas, ko asi kritizē žurnālisti, un
sapirktos revolucionāros trenažierus, ko reklamē televizorā.
Mēs varbūt pat pavingrotu, ja galvu neplēstu paģiras.

Bet nav te ne bankas, ne veikala, šai valstī mans telefons
neprot pat pasūtīt picu, laptops neatrod internetu.

Rounded snowdrifts squat by the roadside like tiny churches, waiting for the snowdrops to tinkle.

Gently sounding bells reach us on Sunday morning when I have licked the salt of the world from your chest. You will get up, dry yourself and pick up a book where the lines of verse are as long as spaghetti –

poets in love write poems that are long and chaotic. Whether you read from the beginning, or from the end, it doesn't matter, they're still incomprehensible, all you can do is taste and see if they're worth their salt.

TV

They are melting butter, sautéing escargots, dicing potatoes. Oh, if only we had an oven, what things we could bake!

Catchy tunes are playing on TV, the weekly hits are revealed. Oh, if only we had a piano in this hotel room, we'd really let it rip for the neighbours!

Blood flows over a blade, a body drops to the floor. Oh, what a blessing that all the knives in the cupboard are blunt and all the glasses are made of plastic.

Oh, if only there was an ATM, we could withdraw money from the crooked, thieving banks the journalists criticize so severely and we would buy those revolutionary treadmills advertised on TV. We might even exercise if our heads aren't splitting from hangovers.

But there is no bank, there is no shop; in this country, my telephone doesn't even know how to order a pizza, my laptop fails to find the Internet.

Toties televizorā rāda filmu, kur skūpstās, bāž rokas šortos. Ko darīt tālāk, zināsim paši. Aizvelc aizkarus, atdod man pulti.

* * *

Labvakar, mūsu mazo draudziņ!
Mēs esam onkuļi un tantes,
mēs atnācām pie taviem vecākiem,
lai visu nakti plītētu un rītu,
lai pārrunātu garlaicīgas lietas
un dejotu pie vecas, stulbas mūzikas.

Drīz senči liks, lai ej uz savu istabu
un centies aizmigt, klausīdamies spiedzienos
un stikla šķindoņā, ar kādu saplīst glāzes.
Un gadiem ilgi vilksies mūsu nakts.

Kad pienāks rīts, tu pamodīsies liels,
visapkārt tavi skaistie, foršie draugi,
jūs būsiet nešķirami dzīvībā un nāvē.
Jūs pavasarī skriesiet plikā parkā,
zem kājām čabēs brūnas, sakaltušas lapas.
Tie būsim mēs. Skrien tālāk, mazo draudziņ!

Yet on TV they are showing a movie where they are kissing,
a hand creeps into a pair of shorts. We know what to do next.
Draw the curtains, give me the remote.

* * *

Good evening, little darling!
We are your uncles and aunts,
we came to visit your parents,
for a few bevvies and some grub,
to drone on through the night
and dance to stupid music.

Soon you'll be told to go to bed
and you'll try to sleep, listening to the shrieks
and sound of breaking glass.
For years the night will drag on.

And when the morning comes, you'll wake grown up,
surrounded by all your cool, attractive friends,
you'll be inseparable in life as well as in death.
In spring you'll run through the bare park,
with brown, dry leaves rustling underfoot.
It will be us. Run, little darling, run!

Uz mana kapa stāv maza, spārnota lauva, priekšķepu uzlikusi uz grāmatas. Un tajā grāmatā kaut kas uzrakstīts latīniski. „Dullie bērni", es saku Ulrikai, „ko šie tur likuši iekalt?" „Nav ne jausmas, Hervig," viņa saka, „tu taču zini – es latīņu valodā dabūju sekmīgu atzīmi tikai tāpēc, ka noskaitīju „Pater noster", stāvēdama uz ceļiem."

„Varbūt tie tur, blakus kapā, varētu pateikt," es saku. „Nomierinies," mana mīļotā atbild, „viņi neprot pat vāciski." „Žēl," es saku, „varbūt tur uzrakstīts kaut kas skaists." „Priekš kam tev tā mirusī valoda," saka Ulrika, apgriezdamās uz otriem sāniem, „tu pat neatceries to mazumiņu, ko prati franciski. Tas gan nākamā dzīvē varētu noderēt." „Je t'aime, je t'aime," es atcērtu, īgni kasīdams iegurņa kaulu. „Ar to vien tev nepietiks," viņa nopūšas saldi un iemieg. Un tad uz brīdi ir miers.

MELI

„Kur tu biji?" man prasīja, un es sameloju. „Melo ka ausis kust," mani sabāra, „melot ir slikti". Paraudāju, nožēloju un apsolīju sev, ka turpmāk melošu prasmīgāk.

„Kur tu biji?" man prasīja. Stāstīju ļoti ticamus, rūpīgi apsvērtus melus, īpaši piestrādādams pie intonācijas. „Nu, nu," galvas tika bažīgi grozītas. Tad man iedeva remdenās vakariņas, un visu acis atkal pievērsās televizoram. Biju labi pastrādājis – man ticēja!

Pilnveidojos ik dienu, eksperimentēju sīkos, nenozīmīgos melos, lai vajadzības gadījumā kvalificētos lielajos. Ar laiku kaut pamodināts nakts vidū kažokā pratu iemelot siļķi,

ZENTRALFRIEDHOF MÜNSTER

There is a small, winged lion on my grave, his paw on a book. And in that book there is something written in Latin. "Stupid kids," I say to Ulrika, "What did they have chiselled in there?" "I have no idea, Herwig," she says, "But you know that I only passed my Latin because I recited 'Our Father' on my knees."

"Maybe the ones in that neighbouring grave could tell us," I say. "Calm down," my beloved replies, "They don't even speak German." "It's a pity," I say, "What if it says something beautiful?" "What do you need that dead language for?" Ulrika says, turning onto her other side. "You don't even remember the little bit of French you once knew. That could really help you in your next life." "Je t'aime, je t'aime," I snap, irritably scratching my pelvic bone. "That's hardly enough," she sighs sweetly and dozes off. And then there's peace for a while.

LIES

"Where were you?" I was asked and I lied. "Liar, your nose is growing," I was reprimanded, "it's bad to lie". I wept, I regretted it all and promised myself that I would lie more skilfully from now on.

"Where were you?" I was asked. I told very believable, carefully considered lies, paying particular attention to my intonation. "Well, well," heads were shaken incredulously. Then I was given a lukewarm supper and everyone's eyes turned back to the telly. I had done it – they believed me!

Day in and day out I perfected my lying, I experimented with small, inconsequential lies, so that, if need be, I would be qualified to deliver the big one. In time, even if I was awakened in the

tonikā – džinu, sirsniņā – mīlestību. Bet daža laba sirsniņa to nespēja novērtēt.

„Kur tu biji?" es prasīju, un man sameloja. Ausis kustēja, vaigi sarka, acis vainīgi nodurtas grīdā. „Kā tev nav kauna," es dusmojos, „vai tiešām tu vērtē mani tik zemu, vai tiešām es tev nozīmēju tik maz, ka tu atļaujies stāstīt tik primitīvus, neticamus un slikti sagatavotus melus?!"

„Tu laikam uz mani ļoti dusmojies?" man asarām acīs prasīja. „Nē," es meloju, „itin nemaz. To viegli var iemācīties. Bet tagad esi tik labs un izstāsti patiesību. Spriežot pēc visa, tai jābūt satraucošai un kailai, riskanti uzbudinošai. Retu reizi mēs to varētu atļauties. Mazu šotiņu džina ikdienas pustukšā pudelē. Mazu siļķīti dzīves bēguma krastā."

middle of the night, I could lie fish into chips, gin into tonic, love into a heart. But the good-hearted simply could not appreciate it.

"Where were you?" I demanded and I was lied to. The nose grew, cheeks turned red, eyes were guiltily cast down. "Shame on you," I scolded. "Do you really have such a low opinion of me, do I really mean so little to you that you tell me such primitive, unbelievable, ill-prepared lies?!"

"You're really angry with me, aren't you?" I was tearfully asked. "No," I lied, "not at all. It's easy to learn. But now be so kind as to tell me the truth. Sounds like it could be exciting, exposed, risky, arousing. We could afford it once in a while. A little shot of gin from the half-empty bottle of the daily grind. A little fishy on the shores of our ebbing lives."

KĀRLIS VĒRDIŅŠ was born in 1979 in Riga. He has published four books of poetry: *Ledlauži* (Icebreakers, 2001), *Biezpiens ar krējumu* (Cottage Cheese with Sour Cream, 2004), *Burtiņu zupa* (Alphabet Soup, for children, 2007) and *Es* (I, 2008).

He is a highly-respected critic, with an MA in Cultural Theory and a PhD in Philology, and has published many essays on literature as well as translations of European and American poets (including T. S. Eliot, Konstantin Biebl, Georg Trakl, Joseph Brodsky, Walt Whitman, Charles Simic), and has also written libretti and song lyrics, including texts for Gabriel Jackson's *Adonis Images* for soprano and piano. Since 2007, he has been working at the Institute of Literature, Folklore and Art, University of Latvia.

His own poetry has been translated in many languages, including collections in Russian, Polish and Czech, and appears in the Arc anthologies *A Fine Line* (2004) and *Six Latvian Poets* (2011). His dissertation *The Social and Political Dimensions of the Latvian Prose Poem* was published by Pisa University Press in 2010.

IEVA LEŠINSKA (b. 1958) is a writer and translator living and working in Riga, Latvia, after many years studying and working in the United States, Sweden and Germany. Her translations of Latvian poetry and fiction include the collection *Six Latvian Poets* [Anna Auziņa, Ingmāra Balode, Agnese Krivade, Marts Pujāts, Māris Salējs, Kārlis Vērdiņš] (Arc, 2011) and her work has been published in such collections as *A Fine Line: New Poetry from Eastern & Central Europe* (Arc, 2004), *Russian Poetry in Latvia* (Orbita, 2008), *All Birds Know This* (Tapals, 2001), in the journals *World Literature Today* (1998), *Descant* (2004), *Latvian*

Literature (1, 2, 3, 4) and electronic media (www.drunkenboat.com, www.howlingdogpress.com/OMEGA/ etc.).

Ieva has also published a number of translations of Anglo-American poetry (T. S. Eliot's *The Waste Land*, Allen Ginsberg's Kaddish, poems by Robert Frost, Seamus Heaney, Ted Hughes, D. H. Lawrence, Ezra Pound, Dylan Thomas, Gary Snyder), fiction (Toni Morrison, John Irving, Bret Easton Ellis, David Lodge, Jhumpa Lahiri) and documentary prose.

Her interviews with writers, musicians, intellectuals and politicians, essays, book reviews and original poetry have appeared in Latvian periodicals and anthologies. She is currently working on a book of 'documentary fiction' and teaching a course in literary journalism.

ARC PUBLICATIONS
publishes translated poetry in bilingual editions
in the following series:

ARC TRANSLATIONS
Series Editor Jean Boase-Beier

'VISIBLE POETS'
Series Editor Jean Boase-Beier

ARC CLASSICS:
NEW TRANSLATIONS OF GREAT POETS OF THE PAST
Series Editor Jean Boase-Beier

ARC ANTHOLOGIES IN TRANSLATION
Series Editor Jean Boase-Beier

'NEW VOICES FROM EUROPE & BEYOND'
(anthologies)
Series Editor Alexandra Büchler

details of which can be found on the
Arc Publications website at
www.arcpublications.co.uk